EXPOSITION D'ŒUVRES D'ART DU XVIIIᵉ SIÈCLE
A LA BIBLIOTHÈQUE NATIONALE

CATALOGUE

MINIATURES — GOUACHES
ESTAMPES EN COULEURS
FRANÇAISES ET ANGLAISES
1750-1815

MÉDAILLES ET PIERRES GRAVÉES
1700-1800

BISCUITS DE SÈVRES

PARIS
LIBRAIRIE CENTRALE DES BEAUX-ARTS
ÉMILE LÉVY, ÉDITEUR
13, Rue Lafayette, 13

1906

EXPOSITION D'ŒUVRES D'ART DU XVIIIe SIÈCLE
A LA BIBLIOTHÈQUE NATIONALE

CATALOGUE

DES

MINIATURES, GOUACHES

ESTAMPES EN COULEURS

FRANÇAISES ET ANGLAISES

MÉDAILLES ET PIERRES GRAVÉES

BISCUITS DE SÈVRES

EXPOSÉS DANS LES SALLES DE LA RUE VIVIENNE

DU 15 MAI AU 15 OCTOBRE

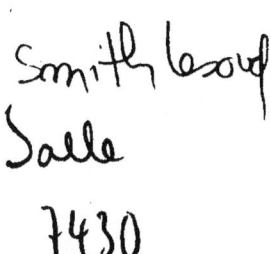

Le catalogue des **MINIATURES, GOUACHES, ESTAMPES** en couleurs françaises et anglaises, les préfaces, ont été rédigés par M. Henri BOUCHOT, membre de l'Institut, conservateur du Département des estampes, assisté de MM. Jean Guiffrey, Carl Dreyfus (miniatures et gouaches) et de MM. F. Courboin, P.-A. Lemoisne et F. Bruel (miniatures et estampes).

Le catalogue des **MÉDAILLES ET PIERRES GRAVÉES** a été rédigé par M. H. de LA TOUR, conservateur adjoint du Département des médailles, sous la direction de M. Ernest Babelon, membre de l'Institut, conservateur du Département.

MACON, PROTAT FRÈRES, IMPRIMEURS.

EXPOSITION D'ŒUVRES D'ART DU XVIII⁰ SIÈCLE
A LA BIBLIOTHÈQUE NATIONALE

CATALOGUE

MINIATURES — GOUACHES
ESTAMPES EN COULEURS
FRANÇAISES ET ANGLAISES
1750-1815

MÉDAILLES ET PIERRES GRAVÉES
1700-1800

BISCUITS DE SÈVRES

PARIS
LIBRAIRIE CENTRALE DES BEAUX-ARTS
ÉMILE LÉVY, ÉDITEUR
13, Rue Lafayette, 13

1906

EXPOSITION D'ŒUVRES D'ART DU XVIIIe SIÈCLE
A LA BIBLIOTHÈQUE NATIONALE
SOUS LE PATRONAGE
DE M. LE PRÉSIDENT DE LA RÉPUBLIQUE

Président d'honneur : M. LE MINISTRE DE L'INSTRUCTION PUBLIQUE ET DES BEAUX-ARTS.
Vice-Présidents : M. LE SOUS-SECRÉTAIRE D'ÉTAT DES BEAUX-ARTS.
M. LE DIRECTEUR DE L'ENSEIGNEMENT SUPÉRIEUR.

COMITÉ DE PATRONAGE

MM. le PRINCE D'ARENBERG, GERMAIN BAPST, HENRI BÉRALDI, A. BEURDELEY, Mis DE BIRON, L. BONNAT, A. DAYOT, FÉLIX DOISTAU, GUSTAVE DREYFUS, PRINCE D'ESSLING, A. GRUYER, J.-J. GUIFFREY, ACHILLE FOULD, B. FRANCK, L. GONSE, GABRIEL HANOTAUX, HOMOLLE, R. KŒCHLIN, GEORGES LAFENESTRE, LEFEBVRE DE VIÉVILLE, J. MACIET, MANZI, GABRIEL MARCEL, F. MARCOU, MARTIN LE ROY, FRÉDÉRIC MASSON, P. LEROI, MÉRY, MÉTMAN, P. DE NOLHAC, PASCAL, Mme LA Ctesse E. DE POURTALÈS, A. REY, Mme ROLLE, Bon EDMOND DE ROTHSCHILD, ALEXIS ROUARD, HENRI ROUJON, F. ROY, Bon DE SCHLICHTING, E. TAIGNY, MAURICE TOURNEUX, Bon DE VINCK DE DEUX-ORP.

COMITÉ D'ADMINISTRATION

Président : M. GEORGES BERGER, membre de l'Institut, député de la Seine.
Vice-Président : M. HENRY MARCEL, administrateur général de la Bibliothèque nationale.
Trésorier : M. T. MORTREUIL, secrétaire-trésorier de la Bibliothèque nationale.
Adjoint : M. P. LACOMBE.
Secrétaire : M. P.-A. LEMOISNE, du Département des Estampes.
Adjoint : M. F. BRUEL.

COMITÉ D'ORGANISATION

Président : M. HENRY MARCEL.
Commissaire général : M. HENRY BOUCHOT, membre de l'Institut, conservateur du département des Estampes.
Adjoints : MM. JEAN GUIFFREY ET CARL DREYFUS.
1e *section.* Estampes, miniatures, gouaches, *Président* : M. HENRI BOUCHOT.
2e *section.* Médailles et pierres gravées, *Président* : M. BABELON, *Vice-Président* : M. HENRI DE LA TOUR.
3e *section.* Biscuits de Sèvres, MM. BAUMGART, administrateur de la Manufacture nationale de Sèvres, P. BOURGEOIS.
Membres du Comité : MM. MAURICE FENAILLE, J. MASSON, MIGEON, LE PRIEUR, FR. COURBOIN, P. VITRY, MARQUET DE VASSELOT

PRÉFACE

L'Estampe a atteint à la fin du XVIIIe siècle, tant en Angleterre qu'en France, son maximum d'éclat. Toute une génération d'artistes spéciaux semblent, pendant le demi-siècle qui s'écoule de 1750 à 1800, s'être proposé une rivalité d'élégance, de distinction et d'harmonie. Mais tandis que les nôtres cherchaient en cent pratiques diverses à surpasser leurs rivaux, que nous produisions à la fois les burinistes, les aquafortistes, les graveurs en couleurs, en teintes et au pointillé, les Anglais, plus restreints dans leur technique, s'immobilisaient dans la manière noire, importée chez eux un siècle auparavant, et dont ils avaient su faire un instrument plein de ressources et de grâce.

L'Exposition qui s'ouvre aujourd'hui à la Bibliothèque nationale ne cherchera point à établir les supériorités de l'un ou de l'autre pays. Laissant de côté les estampes au burin et à l'eau-forte qui furent la gloire impérissable des Français au XVIIIe siècle, elle a simplement tenté un rapprochement des techniques parallèles, en juxtaposant certaines manières noires anglaises, choisies parmi les plus célèbres et les plus recherchées, avec les tentatives correspondantes des nôtres dans les procédés mineurs de l'aquatinte, du lavis, des tirages en couleurs et du pointillé. Eussions-nous cherché d'ailleurs à établir des prééminences, nous nous fussions battus à armes inégales, car chez nous l'estampe en teinte, tirée en polychromie, ne fut jamais qu'un moyen plus populaire, plus gai de produire des images, tandis que le terme correspondant anglais servait à tout, depuis la reproduction olympienne et majestueuse de l'œuvre d'art pur jusqu'à l'image vendue pour quelques shillings.

Les organisateurs de l'Exposition se sont donc donné pour thème exprès de n'admettre aucune œuvre gravée au burin et à l'eau-forte. L'Angleterre produira ses mezzotintes ou ses pointillés, et la France ses lavis, ses aquatintes, ses manières de crayons ou ses pointillés à la résine. C'est la première fois que ces rapprochements sont tentés dans un but d'éducation et de curiosité. Un peu restreinte par les locaux qui lui sont dévolus, la manifestation n'en aura pas moins une portée scientifique que nous souhaitons féconde. Elle mettra en valeur la belle tenue de ces estampes anglaises dont certaines épreuves avant la lettre valent aujourd'hui deux ou trois fois le prix de départ du tableau original qu'elles traduisent. Nous n'apprendrons à personne que certaines œuvres de Reynolds, cotées jadis 200 à 300 livres sterling, ont fourni des estampes, alors payées une ou deux guinées, et qui, dans l'instant, trouvent acquéreurs à 1.000 et 1.200 livres ! Plusieurs d'entre ces papiers merveilleux figureront dans nos salles, et leur allure expliquera, mieux que des paroles, l'extraordinaire engoûment dont ils jouissent chez les collectionneurs.

Peut-être les Français paraîtront-ils légers, amuseurs, papillotants vis-à-vis de certains de leurs confrères anglais ; c'est que, comme on disait, leurs procédés en couleurs ne s'attaquent point aux productions solennelles, et que plus volontiers font-ils des estampes polychromées un objet de galanterie courante et de récréation. Mais la faveur ascendante est venue aussi à ces choses autrefois tenues pour frivoles. On y a cherché la chronique d'un temps disparu, le souvenir des flonflons, et là aussi les enthousiasmes se sont accrus de la rareté des œuvres survivantes. Ces menus riens, sortis autrefois de l'atelier de Debucourt ou de Janinet, et que les moindres gens accrochaient à leur muraille pour deux ou trois francs, ont multiplié par trois ou quatre mille le chiffre du début. Sont-ils en premiers états, avant les lettres définitives ? ils provoquent des folies égales à celles des Anglais. C'est par centaines que l'Exposition offrira de ces reliques, certaines uniques, d'autres connues à deux ou trois exemplaires, et plus disputées, plus jalousées que ne furent jamais les tableaux les plus vantés.

Consacrée par la nature même des sujets représentés aux costumes, aux mœurs, aux scènes pimpantes, l'Exposition devait tout naturellement produire quelques-uns des modèles originaux d'où les graveurs tirèrent leurs plus jolies images. Ne pouvant, dans un local aussi limité, disposer des tableaux peints, les organisateurs ont demandé aux miniatures et aux gouaches cet appoint concurrent et indispensable. Là encore ils espèrent avoir réuni un ensemble dont l'inédit et la splendeur se manifesteront dans une forme gracieuse et rarement cherchée. Les plus grands noms des miniaturistes français seront représentés dans les vitrines réservées à ces pièces hors de pair. Une cinquantaine de Hall, 45 Augustin, 56 Isabey, 17 Lawreince, 27 Dumont, sans compter Fragonard, Mosnier, Sicardi, Vestier, Lié-Périn, Hoin, Bourgeois, et plus de soixante autres, apporteront aux graveurs le témoignage de sincérité du portrait sur nature, des modes, des coquetteries vécues. Dans le nombre, deux ou trois miniatures de Hall, larges de quelques centimètres carrés, représentent une fortune honnête. Cela n'est cependant que peu de chose pour le profane, une dame assise dans un parc, presque une anonyme, avec seulement un beau visage, de jolis atours et une attitude exquise. Mais qu'on veuille le grand nom, le nom qui fait prime, c'est Marie-Antoinette, ce sont ses belles-sœurs, ses beaux-frères, c'est Napoléon, toute sa famille et, au milieu, un Augustin admirable, inouï, inachevé cependant, le portrait de Caroline de Naples.

De ces cinq cents boîtes rondes, médaillons, bijoux, peints à la loupe, où l'esprit transparaît pour le moins autant que la physionomie, où les goûts, les passions, les emballements du xviii⁰ siècle s'ébrouent en mille notes joyeuses, discrètes ou pompeuses, pas une figure qui soit une médiocrité. Toutes proviennent des collections les plus surveillées, contrôlées et sélectionnées. Plus de 70 d'entre elles n'ont jamais été vues en exposition, et ce sont les rares, les précieuses qui soient, recueillies au temps où l'on dédaignait les légèretés. Sans doute les Français du xviii⁰ siècle ne se piquaient point de moraliser leurs contemporains, les artistes avaient la phrase audacieuse et le pinceau libertin. Mais il y a si loin d'eux à nous, et sincèrement en valons-nous mieux ? La majorité de ces belles délurées ont payé de leur tête les égarements de leur temps ; c'est un prix. Elles ont racheté, un peu cher, des fantaisies que leurs mines éveillées et espiègles nous laissent deviner sous le maintien contenu du portrait, et que les images, au contraire, impersonnelles et plus libres, nous livrent dans leur déshabillé parfois un peu osé et troublant.

Bien des livres ont été écrits sur ces temps, bien des phrases se sont aboutées qui ne valent point ce que vaudra cette chronique par les yeux, sur des documents authentiques, en l'absence de tout commentaire partial. Les nuances se devineront de ce qui écrit la séparation entre le *cant* anglais et la liberté française, nuances de surface, de façade, car à bien dire ce sont là gens de pareille essence. Rien ne le confirmera mieux que le parallèle entre ces deux littératures dessinées, rien n'amusera plus que la comparaison. Les Anglais ne font pas le geste, ils le sous-entendent, ce qui ne vaut ni mieux ni pis. Quelquefois les Français l'indiquent sans y penser de trop, cela se compense. Ce que nous essayons là n'est point une idée personnelle aux promoteurs de l'Exposition. De telles réunions d'œuvres empruntées aux collections particulières et aux doubles des dépôts publics, sont fréquentes chez nos voisins. Elles créent un mouvement fécond de recherches et d'études, elles instruisent ceux qui se contentent d'aperçus généraux, et fournissent des éléments de comparaison à ceux qui se sont spécialisés dans certaines parties de l'érudition graphique. Les catalogues dressés à l'occasion de ces manifestations deviennent des instruments de travail indispensables et que l'on garde jalousement.

MINIATURES

Par sa technique, ses dimensions restreintes, la minutie de ses détails, le portrait miniature, qui devait briller de son plus vif éclat dans le xviiie siècle, est la continuation, la persistance de nos vieux enlumineurs de manuscrits. On a trop répété en de certains ouvrages que les Français sont surtout des miniaturistes pour ne pas se le rappeler aujourd'hui. Ce n'est d'ailleurs pas un mince compliment fait à nos écoles d'enlumineurs et d'illustrateurs. C'est surtout chez eux que se retrouvent les précisions de détail, la fantaisie, l'esprit, l'observation infinie des êtres et des choses. Et cela fut dès l'origine, dès ces primitifs qu'on niait naguère et qu'une récente exposition a montrés aussi assurés d'eux-mêmes que leurs voisins les plus illustres.

Mais nous n'aurons pas grand'peine à prouver l'excellence des nôtres dans le portrait miniature de 1750 à 1815. Tout le monde convient aujourd'hui de leur maîtrise spéciale sur ce point et des qualités de conscience et d'ingénieuse liberté dont ils font preuve dans leurs productions. Traditionnellement et de chaînon en chaînon, nous les voyons se rattacher aux miniaturistes du siècle de Louis XIV, de ceux-ci remonter à ceux de Louis XIII, puis encore plus en arrière à ce François Clouet qui peignait sur de très petits parchemins les effigies des princes ou des princesses de son temps. De Clouet à Perréal qui en faisait également, et de Perréal à Jean Fouquet, ce sont deux générations pour arriver aux artistes du duc de Berry, les créateurs du genre, les vrais ancêtres.

Jusqu'en 1750 environ, les miniaturistes du portrait conservèrent leur pratique ancienne. Ils opéraient avec des couleurs d'aquarelle gommées sur parchemin ou sur papier des cartiers, encollé et résistant. L'usage des boîtes d'ivoire ornées de figures fit adopter l'ivoire comme matière première, et amena sa substitution au parchemin et aux cartes.

L'ivoire fournissait de merveilleux tons de chair. Dûment pourvu d'un paillon d'or à son revers, il avait un éclat incomparable. Mais les moyens de peindre durent se transformer un peu. L'ivoire est gras, il ne permet pas l'aquarelle, il réclame un travail sensiblement rapproché de celui de la peinture à l'huile. Les miniaturistes adoptèrent la gouache, qui, mélangée aux couleurs leur fournissait un moelleux, une consistance de couleurs grasses. Et longuement, minutieusement on pointilla touche à touche, on modela, en coups de pinceau répétés et multipliés, les chairs et les habits. A l'époque qui nous occupe, dès le milieu du règne de Louis XV jusqu'à nous, les miniaturistes français n'ont guère varié leurs usages, et toutes les tentatives récentes imaginées pour faire mieux ont abouti à de misérables chutes.

Nous avons dit pourquoi nous avions résolu de montrer des miniatures du xviiie siècle. Elles viennent, par leur côté précis et vécu, apporter un contrôle aux estampes. Elles disent la vie à côté de l'imagination, l'histoire vis-à-vis du roman. Quelqu'un a écrit que la meilleure image de modes était un portrait de femme élégante. Rien n'est plus vrai. L'estampe de mode offre un idéal, le portrait un habit porté, usagé, qui était de bonne mise, puisqu'on l'endossait.

Mais les miniatures présentées par nous auront une valeur plus haute et plus générale. Outre qu'elles nous montreront la tradition continuée pendant plus de quatre siècles, elles nous révéleront des mérites ignorés, des talents comparables à ceux des maîtres les plus vantés. Eussions-nous réuni quatre cents toiles de peintres, nous n'aurions pas prouvé davantage la splendide éloquence de l'art français. Et si nous savons voir, nous conviendrons une bonne fois que son rayonnement n'est pas limité par ses frontières. C'est un peu nous autres que transcrivent les étrangers, que parodient les habiles de tous les pays.

Des circonstances particulières nous permettent de faire à trois de nos plus grands miniaturistes français une place à part dans l'Exposition. MM. de Coincy nous ont fourni sur J.-B. Augustin les reliques les plus rares, puisqu'elles proviennent du maître directement. Et encore ne pourrons-nous montrer l'album de croquis où sont représentés en embryon plus de cent des portraits les plus célèbres sortis de l'atelier d'Augustin, entre autre la première idée de la miniature représentant la reine Caroline de Naples. Tout pareillement J.-B. Isabey aura sa place à part, grâce à la libérale obligeance de Mme Rolle, sans compter les pièces disséminées dans les collections particulières et que nous avons dû laisser dans leur groupe. François Dumont, enfin, sera représenté par quelques spécimens d'une tenue et d'une authenticité indiscutables. Et l'on ne parle pas des révélations et des surprises, Laurent de Baccarat, Derunton, Augustin Dubourg, et autres, inconnus, ou à peu près ; Mosnier, peintre exquis d'étoffes et de figures, vingt autres encore.

Il suffira de parcourir le Catalogue et de lire le nom des prêteurs pour se rendre compte de l'importance et du choix de la manifestation. Encore ne nommons-nous pas tout le monde ; un collectionneur généreux, mais dédaigneux du bruit, a voulu que son nom ne figurât point, et les 70 pièces qu'il envoie sont des plus précieuses et des plus célèbres ; elles n'ont jamais paru dans aucune exposition jusqu'à ce jour. Certaines reliques de famille n'ont été confiées aux organisateurs que par dérogation gracieuse à des scrupules pieux. On pourrait donc assurer que cet ensemble merveilleux ne se reverra peut-être jamais, et que les amoureux de ces choses aimables et exquises bénéficieront d'une occasion unique.

Notre classement alphabétique a mêlé les écoles française et anglaise. Nous avons dû respecter le désir des collectionneurs et attribuer à chacun des vitrines séparées. Le Catalogue rétablit les équilibres et mentionne au nom de chaque artiste les productions disséminées en divers endroits. De même avons-nous dû parfois respecter des désignations qui nous paraissaient discutables ; nous tenons à dégager notre responsabilité.

Les pièces provenant d'Augustin et mentionnées comme appartenant à ses héritiers ont été vendues en bloc pendant la publication du catalogue, sans que nous ayons été prévenus à temps. Elles figurent donc à leur place, mais ne seront exposées que si leur propriétaire actuel consent à les prêter.

N° 1

Portrait de Mme Henri Belmont, par Aubry

(appartient à M. de Richter)

CATALOGUE
DES
MINIATURES & GOUACHES

AUBRY (Louis-François), 1767-1851.

Aubry était un Parisien ; il avait étudié chez le peintre Vincent, et plus tard il entra chez Isabey. Né en 1767, il exposa dès 1798, à 31 ans. En 1804 il avait envoyé au Salon trois miniatures qui lui valurent de la part d'un critique ces lignes aimables : « Aubry fait beaucoup d'honneur à son maître (Isabey) et l'imite « parfaitement par la ressemblance et le moelleux de son pinceau » (*Scapin au Museum*). L'époque de l'apogée d'Aubry est la Restauration. Il y a de lui au Louvre une grande miniature représentant une dame tenant une harpe qui rappelle les meilleures pièces d'Augustin.

Aubry habitait rue Neuve-des-Petits-Champs, 18. Depuis 1810 il tenait un atelier pour hommes et pour dames. Il mourut le 16 juin 1851. Gabet le dit né en 1770?

1. — (Vers 1803.) Portrait de l'actrice Belmont dans son rôle de *Fanchon la Vielleuse*, auparavant dessinée par Vernet et gravée par Bacquoy en pied. A mi-corps et jouant de la vielle. (An XI.) Salon de 1804.

M. ov. dans le style d'Aubry.

M. J. de Richter.

2. — (Vers 1814.) Grande miniature dans un cadre de vermeil représentant Le Camus, ministre des Affaires étrangères du roi Jérôme, en costume de cour.

M. c. signée *Aubry*.

M. le prince d'Essling.

AUGUSTIN (Jean-Baptiste-Jacques), 1759-1832.

Augustin, né à Saint-Dié dans les Vosges, en 1759, se mit au dessin de lui-même et sur ses dix-huit ans exécutait de petits portraits déjà assez habiles. Il joua beaucoup plus tard de cette vocation irrésistible, et lors de l'exposition de 1796, il se proclamait « élève de la nature et de la méditation ». Le portrait de lui qu'il exposait cette année même est ci-après mentionné. Sa perfection explique la faveur dont jouissait l'artiste. Il était arrivé à Paris pendant le carême de 1781, et aussitôt s'était mis à peindre. Nous avons eu entre les mains la liste inédite des miniatures et des portraits à l'huile d'Augustin entre 1781 et 1800, date de son mariage; cette liste s'arrête à 1793; elle comprend 360 numéros. Elle aidera singulièrement à restituer à Augustin des portraits anonymes égarés sous divers noms d'artistes.

Le 20 messidor an VIII, il épousa, à Fussigny, Madeleine-Pauline du Cruet, qui devint élève et presque l'égale de son mari. Un autre élève fut Fontallard. Il enseigna également son art à Mme Lisinska Rue de Mirbel.

Augustin fut un traditionnel de la miniature, un descendant direct des anciens; il avait une conscience infinie, un modelé précieux, un peu sec, mais d'une vérité intense. Son portrait de Denon en émail rappelle les meilleurs portraits de Fouquet, de Clouet ou de Nanteuil.

On l'a confondu parfois avec Augustin Dubourg qui signait volontiers Augustin, mais c'est une grosse erreur (voir Dubourg).

Augustin habita à Paris successivement, place des Victoires, rue Saint-Honoré, et 25, rue Croix-des-Petits-Champs. Nous exposons ci-après une vue de son atelier dans cette dernière demeure; il mourut du choléra en 1832.

Augustin (Madeleine-Pauline du Cruet, dame), née en 1781, mourut en 1865. Ses œuvres se confondent souvent avec celles de son mari, dont elle avait complètement embrassé les procédés et l'esthétique.

3. — (1778.) Portrait du peintre J.-B. Augustin, né à Saint-Dié en 1759. Fait par lui à Saint-Dié en 1778, sans maîtres, à l'âge de 19 ans.

M. c., petit cadre d'origine.

Héritiers Augustin.

4. — (Vers 1781.) Portrait d'Augustin à son arrivée à Paris en 1781. Il est âgé de 22 ans.

M. ov. en médaillon.

Hérit. Augustin.

5. — (1796.) Portrait de Jean-Baptiste Augustin, exposé par lui au Salon de 1796. Il porte le costume « d'homme libre » composé par David, son ami. On lit à droite : « Portrait de M. Augustin peint par lui-même, en septembre 1796, fait à Paris. » C'est sur ce portrait que les *Étrivières de Juvénal* publièrent le quatrain suivant :

> Augustin tu t'es surpassé
> Ton portrait est peint comme un ange
> Et l'on peut dire à ta louange
> Qu'Isabey seul t'a devancé !

Grande m. rect. sur ivoire.

Hérit. Augustin.

6. — (1804.) Portrait d'Augustin exécuté à l'occasion de son mariage. Ce portrait est en esquisse dans l'album du peintre. Il est âgé de 45 ans.

M. de Coincy.
Min. r. Augustin fecit 1804.

7. — (1804.) Portrait de Madeleine-Pauline du Cruet, née le 15 juin 1781, morte en 1865, mariée à Jean-Baptiste Augustin en messidor an VIII.

Hérit. Augustin.
M. r. signée Augustin à Fussigny[1] *1804.*

8. — (Vers 1800.) Portraits profilés en médailles d'Augustin et de sa famille. Augustin est le dernier à gauche. Ce dessin se voit dans la représentation de son atelier (voir n° 19).

Hérit. Augustin.
Ovale en largeur, dessin à la pierre noire au pointillé.

9. — Portrait de Marie-Françoise Guillaume, femme de Nicolas Augustin, mère du peintre J.-B. Augustin, en bonnet. Elle est très âgée; la figure seule terminée, les mains ébauchées.

Hérit. Augustin.
M. c.

10. — (1801.) Portrait de Germain du Cruet, père de Mme M.-P. Augustin, née du Cruet.

Hérit. Augustin.
M. r. signée Augustin 1801.

11. — Portrait d'un acteur en manches de chemise.

Hérit. Augustin.
M. ov.

12. — (1779.) Portrait d'une jeune femme de Saint-Dié, exécuté par Augustin à l'âge de 20 ans, en 1779.

Hérit. Augustin.
M. ov.

13. — (Vers 1785.) Portrait présumé de Mme Vigée-Lebrun, représentée en redingote bleue, assise, et portant un grand chapeau à plumes.

Hérit. Augustin.
Gouache carrée sur un carton.

14. — (1788.) Portrait de Mme de Carcado ou Kerkado en costume de ville. D'après les listes conservées dans la famille d'Augustin, cette dame

---

1. C'est là qu'ils se marièrent le 20 messidor an VIII. (Aisne. Cant. de Sissonne.)

qui avait commandé son portrait, celui de sa mère et reçu neuf leçons de peinture, ne prit pas livraison de son portrait et ne paya point.

M. Stettiner. M. r. (n° 15 de la liste d'Augustin).

15. — (Vers 1805.) Préparation sur ivoire d'un portrait de femme (Mme Roberjot Lartigue. Voir n° 25).

Hérit. Augustin. M. c. en hauteur.

16. — (1807.) Préparation sur ivoire du portrait de Caroline, reine de Naples, dont l'original définitif est au duc de Mouchy et a été gravé par Léopold Flameng. La tête seule commencée, le corps et les accessoires esquissés. On y voit la manière de procéder du peintre. Miniature payée 2.000 fr. à Augustin et dont l'ivoire définitif fut exposé au Salon de 1808.

Hérit. Augustin. M. ov.

17. — (Vers 1810.) Portrait d'une dame représentée debout en costume antique et montrant de la main droite un temple dédié à l'Amitié. On lit au fronton de ce temple : « Temple de l'Amitié, Fanny en connoit toutes les issues. » (Portrait de la citoyenne Fanny Charrin, peintre.)

M. Stettiner. M. c. en hauteur, à l'aquarelle sur ivoire.

18. — (Vers 1810.) Première idée à l'aquarelle du portrait de Mme de Montalivet en pied dans son intérieur. Cette dame était née Lauberie de Saint-Germain, et Napoléon avait « admiré ses vertus et loué sa beauté ». Mariée en 1797, dame du palais de Joséphine en février 1805. La miniature originale est à Mme de Villeneuve.

Hérit. Augustin. Aq. rect. en hauteur.

19. — (Vers 1815.) Vue de l'atelier de J.-B. Augustin, 25, rue Croix-des-Petits-Champs (?). On y voit figurer divers tableaux et objets conservés dans la famille.

Hérit. Augustin. Aq. rect.

20. — (Vers 1804.) Portrait du statuaire Calamard.

M. de Coincy. M. rect.

Nº 81
Portrait de Mme Vincent, par Mlle Marie-Gabrielle CAPET
(appartient à Mme Guérard)

Nº 82
Portrait du peintre Vincent, par Mlle Marie-Gabrielle CAPET
(appartient à Mme Guérard)

21. — (1817.) Portrait du corniste solo de l'opéra, Frédéric Duvernoy, tenant un cor d'harmonie.

   Grande miniature rectangulaire avec son cadre, signée *Augustin 1817*.

  Hérit. Augustin.

22. — Portrait de Vivant Denon, directeur des Musées.

                   Émail ov.

  M. de Saint-Joseph.

23. — (1818.) Portrait de Lady Elcho.

         Préparation sur papier, au crayon.
            Signé *Augustin 1818*.

  Hérit. Augustin.

24. — Portrait de la reine Marie-Antoinette.

                   M. ov.

  Coll. de M. P.

25. — Portrait de Mme Roberjot-Lartigue et de son fils, ci-devant donnée comme la *comtesse de Lartiges*.

                   M. r.

  Coll. de M. P.

26. — (1796.) Portrait de Madame la marquise de Segonzac au piano.

           M. r. signée *Augustin 1796*.

  Coll. Bon Schlichting.

27. — (Vers 1810.) Portrait de Napoléon. (Modèle servant au peintre.)

                   Émail ov.

  M. de Coincy.

28. — (Vers 1810.) Portrait de Joséphine impératrice des Français.

                   Émail ov.

  M. de Coincy.

29. — Portrait de Pauline Bonaparte, princesse Borghèse(?).

                   M. ov.

  Coll. de M. P.

30. — (1802.) Portrait de Mlle Bianchi, cantatrice italienne de l'Opéra-bouffe en l'an X. Elle est assise devant une cascade entourée de rochers et tient à la main un manuscrit. Le fond est l'œuvre de Mérimée le père.

                M. c. en hauteur.

  M. Manzi.

31. —Portrait de la maréchale Ney(?).

                   M. c.

  Collect. de M. P.

32. — Esquisse inachevée d'une scène de famille. Un père assis tient une fillette sur ses genoux ; il a près de lui une autre petite fille et deux personnes. Provient des héritiers Augustin.

M. Alphonse Kann.
             M. r.

33. — Esquisse inachevée des portraits d'une dame et de deux hommes. Les têtes seules terminées. Provient des héritiers Augustin.

M. Alphonse Kann.
             M. r.

33[a]. — Portrait d'une jeune femme assise devant une toile et préparant sa palette. La tête seule terminée. Provient des héritiers Augustin.

M. Alphonse Kann.
             M.

34. — Portrait d'une jeune dame dans un parc avec la pyramide de Sextius.

Coll. de M. P.
             M. r.

35. — Portrait ébauché en grisaille d'une femme portant un châle jaune.

Coll. Bon Schlichting.
       M. ov. dans un cadre de diamants.

36. — Portrait d'une dame assise à une table de travail et tenant sur ses genoux un livre ouvert.

Coll. Doistau.
             M. r.

37. — (Vers 1790.) Portrait d'homme en habit négligé, assis dans un parc.

Coll. Doistau.
           M. r. sur une boîte.

38. — (1791.) Portrait d'une dame avec des fleurs dans les cheveux, une robe blanche et des rubans bleus.

M. Lecomte du Nouÿ.
        M. r. signée *Augustin 1791*.

39. — (1792.) Portrait d'un homme de la Révolution.

Col. Bon de Schlichting.
       M. ov. signée *Augustin 1792*.

39[a]. — (1792.) Portrait d'une jeune femme assise dans un paysage accidenté. Elle est coiffée d'un chapeau conique ; un petit chien-lion près d'elle.

M. Fitz-Henry.
        M. ov. signée *Augustin 1792*.

N° 79

Portrait de femme, par Mlle Marie-Gabrielle CAPET
(appartient à Mme Guérard)

N° 141

Portrait prétendu de La Rochejacquelein, par François DUMONT
(appartient à M. Fitz-Henry.)

40. — Portrait d'une femme, dont les cheveux poudrés sont noués par un ruban rose. Elle porte des boucles d'oreilles en or. Elle est vêtue d'un corsage crème très décolleté.

M. r. signée *Augustin*.

M. E. Taigny.

41. — (1793.) Portrait d'un personnage de la période révolutionnaire.

M. r. signée *Augustin 1793*.

Coll. Doistau.

42. — (1793.) Portrait du général Westermann. Il porte une perruque poudrée et un habit bleu à ganse d'or.

M. r. signée *Augustin*.

M. Fitz-Henry à Londres.

43. — (1796.) Portrait d'un membre du Conseil des Cinq cents (prétendu à tort être Pétion, maire de Paris).

M. ov. signée *Augustin*.

M. Fitz-Henry.

44. — Portrait de dame assise dans un parc. Elle est en costume de 1790 environ, en robe à pois et grand chapeau.

M. r. sur boîte.

Coll. Doistau.

45. — (Vers 1806.) Portrait d'une dame de la société impériale, représentée à mi-corps dans un paysage.

M. ov.

M. Frédéric Masson.

46. — (Vers 1810.) Médaillon pompéien représentant Bacchus.

Camaïeu.

M. de Coincy.

AUGUSTIN (Pauline Du Cruet, Madame).

47. — Portrait de Napoléon sur une tabatière de don en or. On avait envoyé une décoration au destinataire dans cette boîte.

M. ov. signée *Augustin*.

M. Henry Marcel.

48. — (1819.) Portrait de M. Jean Richter?

Dessin ovale sur papier au crayon gouaché signé *Pauline Augustin 1819*.

M. J. de Richter.

49. — (1819.) Portrait de Madame Richter née de Beaulieu, femme de M. Jean Richter?

Dessin au crayon gouaché signé *Pauline Augustin 1819*.

M. J. de Richter.

Exposition du XVIIIe siècle.

BAUDOUIN (Pierre-Antoine), 1723-1769.

Baudouin, peintre à la gouache, avait épousé la fille de Boucher. C'était un artiste de grand mérite, qui « eut le tort d'être un peu trop de son temps » et de mettre son talent au service des libertinages mondains. Il entra à l'Académie en 1763, malgré sa réputation qui est ainsi définie par Grimm : « Baudouin s'est fait « un genre lascif et malhonnête qui plaît fort à notre jeunesse. » Et cependant la Bibliothèque nationale possède de lui les plus exquises et inattendues compositions religieuses qui soient et qu'il avait exécutées dans le *Missel* de la chapelle de Versailles. Nous exposons ce livre où Baudoin voisine avec plusieurs autres grands artistes de son temps. Plusieurs des gouaches célèbres de Baudouin existent encore, mais outre que leur sujet est un peu vif, elles sont loin aujourd'hui de montrer les qualités de brillant et l'« état de neuf » rencontré dans le *Missel* de Versailles.

Né en 1723, Baudouin mourut à 46 ans, en 1769.

50. — Miniatures gouaches, composées et exécutées par Baudouin dans le *Missel* de la chapelle de Versailles.

Dép. des manuscrits.

51. — D'après Boucher. Le sommeil de Vénus.

Coll. Bon de Schlichting.

M. signée *Baud...*

52. — Diane blessée par l'Amour. Probablement une des miniatures rondes exécutées pour le dauphin fils de Louis XV. Ces miniatures-gouaches étaient au nombre de six, et revêtaient les six faces d'une boîte dite à cage. Elles furent payées 1.200 livres, soit 200 livres l'une. La boîte coûta 16.742 livres.

Coll. Bon Schlichting.

Gouache ronde.

53. — D'après F. Boucher. Le Message d'Amour.

Coll. Bon de Schlichting.

M. c.

BERJON (Antoine), 1753-1843.

On le nomme Berjon de Lyon ; il fut surtout peintre de fleurs en miniature. Il naquit à Lyon le 17 mars 1753 et y mourut le 6 novembre 1843. Berjon était peintre-graveur, il avait même inventé un procédé de gravure, mais il fit aussi des portraits miniatures entre autres le sien, à l'âge de 65 ans. Il exposa aux Salons de Paris dès 1804.

54. — (Vers 1800.) Portrait de dame de profil, en coiffure antique.

M. le Cte Mimerel.

M. octog. en bijou, signée *Berjon*.

55. — (1800.) Portrait de femme assise ; an VIII (1800).

Coll. de M. P.

M. r. signée *Berjon*.

BERTRAND (Vincent).

Peintre en miniature né en 1770? mort en 18... Il était élève de Regnault, mais il sort un peu de la génération des peintres exposés ici. Ses envois aux Salons sont de 1796 à 1817, il eut une médaille en 1810 et exécuta un grand nombre de portraits de personnages célèbres, entre autres ceux du colonel Tascher, du peintre Redouté, de Lemaire et de Lafitte, dessinateurs du duc d'Angoulême.

56. — Portrait de Vivant Denon.

M. c.

M. le Prince d'Essling.

BOILLY (Louis Léopold), 1761-1845.

Né à La Bassée, Nord, Boilly mourut en 1845 après avoir laissé une quantité innombrable de peintures, dessins, lavis et gouaches. Mais il ne semble pas qu'il ait fait des miniatures, du moins le livre de M. Henry Harrisse, qui lui est consacré, n'en mentionne-t-il pas. Le nom de Mme Chameroy ne figure pas dans les œuvres du peintre. C'est donc avec un point d'interrogation que nous conservons l'attribution de miniatures à Boilly.

57. — Portrait de Madame Chameroy artiste lyrique.

M. r.

Coll. de M. P.

58. — L'horoscope ou l'optique. Réduction en miniature d'après la gravure de Tresca. On lit au dos, d'une écriture qui rappelle celle de Boilly, « Mlle Gely la seconde femme de Danton ». C'est la jeune femme que Danton avait épousée quatre mois après le décès de Gabrielle Charpentier, mère de l'enfant représenté dans le tableau, qui est Antoine Danton. Louise Gely épousa en secondes noces M. Dupin maître des Comptes. Elle mourut en 1856. Le tableau est conservé dans la même collection que la copie.

M. ov. sur ivoire.

Mme Achille Fould.

BORNET.

Cet artiste exposa à l'hôtel Jabach en 1774, et au Salon de 1798, mais bien que son talent fût au-dessus de la moyenne, il ne nous est pas connu.

59. — (Vers 1790.) Portrait d'une dame en cheveux poudrés et ornés, portant un corsage bleu et un fichu.

M. r. sur une boîte signée *Bornet*.

M. le Cte Mimerel.

60. — (Vers 1795.) Portrait d'un personnage de la Révolution.

M. ov. signée *Bornet*.

M. le Cte Mimerel.

BORRILLI (Jean-Baptiste), vers 1790.

Nous sommes sans beaucoup de renseignements sur cet artiste qui a signé une miniature de femme âgée, d'une assez habile facture. Il exposa en 1796, et était élève de Bounieu, ancien conservateur du D^t des Estampes de la Bibliothèque nationale. Il peignait le paysage.

61. — (Vers 1790.) Portrait d'une dame âgée, inconnue. Elle porte un bonnet de linge et une mante à capuchon bordé de dentelles noires.

M. le Cte Allard du Chollet.   M. r. signée *Borrilli fecit*.

BOUCHER (François).

Ne paraît pas avoir exécuté beaucoup de miniatures, si réellement il en a fait. Des gouaches peut-être et encore assez rarement. On prend très souvent comme provenant de lui des petites œuvres signées *Boucher*, qui sont de Mme Boucher, non pas sa femme, mais une homonyme. La collection Lalive de Jully possédait une miniature « Les Forges de Vulcain, miniature agréable, par Mme Boucher ».

62. — Les petites baigneuses.

Coll. Bon de Schlichting.   Gouache signée à droite *F. Boucher*.

63. — Jupiter et Antiope.

Coll. A. Jubinal de Saint-Albin. Prêté par Mme Georges Duruy.   Gouache signée *F. Boucher*.

64. — Jeune dame de 1755 environ, en costume de bergère et tenant un panier de fleurs.

Coll. Doistau.   M. r. sur une boîte.

BOUILLARD (Jacques).

Graveur et peintre, exposait aux Salons de 1791 et de 1800.

65. — (1787.) Portrait de Pierre Violet peintre du Roi à Paris (Violet auteur d'un Traité sur la miniature). Voir ci-après n° 478^a.

Mme Iven.   M. ov.

BOURGEOIS (Charles-Guillaume-Alexandre), 1759-1832.

Contemporain immédiat d'Augustin et mort à la même date, Charles Bourgeois est un des miniaturistes les plus personnels de la fin du XVIIIe siècle. Il exécutait d'ordinaire ses portraits en médailles de profil sur fond noir et leur donnait une intensité de vie remarquable. Bourgeois était d'Amiens et avait été élève de Kimly. Mais il avait ajouté à sa profession artistique une branche pratique, la chimie des couleurs. Il était fort savant sur la question et publia divers ouvrages sur les lois qui régissent les combinaisons de nuances. Il était lié avec le chimiste Josse dont il fit le portrait.

Il exposa aux divers Salons de 1800 à 1824, et habitait 24, place Dauphine, à Paris. Ses œuvres sont rares et recherchées.

66. — Portrait de femme en corsage bleu serré, avec une marmotte surmontée d'une aigrette sur le front.

M. signée *C. B. 1797*.

Coll. Doistau.

67. — Portraits d'un homme et d'une femme (coiffée à la Titus) vus de profil en médaille.

M. à pans coupés, signée *Bourgeois an 10*.

Coll. Doistau.

68. — Portrait de Mme de Tourzel, née de Pont.

M. r. signée *Bourgeois*.

Coll. de Mme la Ctesse E. de Pourtalès.

69. — (Vers 1798.) Portrait de l'amiral René Georges de Pléville Le Peley, en costume civil.

M. r. sur boîte, signée *Bourgeois*.

M. Verdé-Delisle.

70. — Jeune fille de profil sur une boîte.

M. signée *Bourgeois 1807*.

Coll. de M. Bernard Franck.

BOZE (Joseph), 1746-1831.

Né aux Martigues (Bouches-du-Rhône) vers 1746, il mourut en 1831. Boze était surtout peintre et dessinateur, et il fut de bonne heure admis aux séances royales. Il fit les portraits de Louis XVI et de sa famille, avec une vérité et une conscience qui tranchaient sur les banalités courantes. Boze ayant déposé favorablement au procès de Marie-Antoinette devint suspect et fut emprisonné ; il fut sauvé au 9 thermidor.

Boze avait en 1891 exposé les portraits de Mirabeau et de Robespierre, à l'huile. A la Restauration, il fut nommé peintre de la famille royale. Il mourut en 1832.

71. — Portrait du maréchal de Ségur (Philippe-Henri, m^{is} de Ségur, † 1801).

M. r. dans un cadre doré.

Coll. de M. P.

CAMPANA (François),   -1786.

Peintre du Cabinet de la reine Marie-Antoinette, François Campana n'a pas laissé beaucoup de traces dans les ouvrages du temps. On cite deux de ses élèves, MM. Le Magnier et Fristch en 1777 ; on mentionne qu'il peignit en miniature un portrait de la Reine pour être encadré dans un médaillon en brillants, et on donne la somme qui lui fut payée, 360 livres. Le médaillon était destiné à une princesse étrangère qui remplissait le rôle de marraine au baptême du prince de Suède, à la place de la reine ; on a été surpris que ce portrait ne fût pas demandé au suédois Hall, alors au comble de la faveur (1783).

Les œuvres de Campana, aujourd'hui fort rares, sont recherchées avec passion. Il n'en reste guère, et celles qui passent en vente atteignent de très gros prix.

Campana mourut à Paris en 1786, ce qui nous fait un peu douter du portrait de la demoiselle Oliva qu'on lui attribue.

72. — Portrait de la reine Marie-Antoinette, les cheveux ébouriffés, portant un costume de cheval et tenant une cravache. Gravé depuis par *Audin*.

M. r. sur une boîte.

Mme Achille Fould.

73. — Portrait de la reine Marie-Antoinette en « Belle fermière ».

M. r. sur une boîte en cristal de roche ornée de perles.

Coll. Bon de Schlichting.

74. — Portrait de la demoiselle Oliva du collier de la reine (?).

M. r.

Coll. de M. P.

75. — Portrait d'une jeune femme avec une rose sur la poitrine.

M. r.

Coll. Doistau.

76. — Jeune femme en robe blanche décolletée et ceinture violette. Elle tient des fleurs à la main. Sur un fond de parc.

M. r.

M. Alphonse Kann.

CAPET (Marie-Gabrielle), 1761-1818.

Mlle Capet ayant exposé en 1781 à vingt ans, on peut déduire la date exacte de sa naissance à Lyon. C'était un peintre de genre, élève de Madame Labille-Guyard, depuis Madame Vincent. Elle commença à exposer ses miniatures en 1791, et depuis 1800 jusqu'en 1814 elle envoya aux Salons des tableaux et des miniatures fort remarqués. Le Cabinet des Estampes possède d'elle la peinture représentant le graveur Miger. Une de ses premières miniatures, la Princesse de Caraman Chimay, datée de 1791, fut vendue 3000 fr. en 1877.

Une des pièces que nous exposons, signée *M. G. Capet l'an II de la Liberté*, passa à la vente Tondu en 1865.

Mlle Gabrielle Capet mourut à Paris en 1818. Elle bénéficie aujourd'hui de la faveur dont jouit Madame Labille-Guyard, son professeur.

77. — Portrait présumé du dauphin Louis XVII, avec une brouette.

M. r. sur boîte signée sur la brouette *M. G. Capet.*

M. Alphonse Kann.

78. — Portrait d'une jeune femme. Provient de la vente Tondu 1877.

M. r. signée et datée *M. G. Capet l'an II de la Liberté.*

Coll. Doistau.

79. — (Vers 1795.) Portrait d'une dame portant une toque de batiste avec une plume, un corsage bleu et un fichu.

M. r. signée *G. Capet.*

Mme Guérard.

80. — (1797.) Portrait d'un homme, à cheveux poudrés, gilet jaune, habit brun, cravate blanche. Portrait de Vincent, peintre.

M. r. signée *M. G. Capet an VI.*

M. Alphonse Kann.

81. — (1798). Portrait de femme portant une toque et un corsage ouvert. (Ce portrait est donné comme étant Mlle Capet, ce doit être Mme Guyard, depuis Mme Vincent, en 1803.)

M. r.

Mme Guérard.

82. — (1798.) Portrait de M. Vincent peintre d'histoire.

M. r.

Mme Guérard.

83. — Portrait de femme (attribution douteuse).

M. r.

Coll. de M. P.

84. — Portrait d'une dame en grand chapeau, assise tenant une lettre ouverte.

M. r.

Coll. Bon de Schlichting.

85. — Portrait de Madame Royale, fille de Louis XVI, vers 1792.

M. r. sur une boîte.

Coll. Doistau.

85^a. — Même pièce. Réplique par l'artiste.

M. Alphonse Kaan.

86. — (1804) (an XII.) Portrait d'un jeune écolier accoudé à son pupitre de travail.

M. r. sur boîte.

M. Fitz-Henry.

CARMONTELLE (Louis Carrogis de), 1717-1806.

Fils d'un cordonnier, devenu auteur dramatique et dessinateur amateur, qui changea son nom de Carrogis contre celui de Carmontelle. Il mourut le 26 décembre 1806. Il avait été l'un des « complaisants » de la maison d'Orléans et il croqua au vol tous les personnages qui passèrent dans cette demeure accueillante. Chantilly conserve la plupart des dessins de Carmontelle qui ont été publiés en partie par M. Anatole Gruyer, membre de l'Institut, conservateur des peintures du Musée Condé.

87. — Portrait de Madame de la Combe, fille de M. Herbert avec son fils jouant au « trou madame », vers 1770. M. de La Combe, le mari, figure au recueil de Chantilly.

Aquarelle gouachée.

M. le Cte Allard du Chollet.

CARRIERA (Rosa-Alba dite Rosalba), 1675-1757.

Femme peintre d'un talent secondaire qui eut de son vivant une réputation universelle. Elle devait son succès à la grâce de ses manières et à son charme. Elle était laide cependant, mais son esprit rachetait tout. Elle fit des miniatures nombreuses, aujourd'hui fort dispersées ; elle peignit de petits paysages et de minuscules scènes de genre. Devenue aveugle vers l'année 1745 elle ne voulut point disparaître toute et se consacra à des œuvres de charité que lui permettait sa fortune. Les amateurs du XVIIIe siècle prisaient fort ses productions, qui sont moins goûtées de nos jours.

Elle mourut en 1757 à Venise où elle était née.

88. — Portrait de l'auteur, portant un petit bonnet noir, un collet de dentelle, et une robe grise doublée de bleu.

M. ov.

M. Alphonse Kann.

89. — Portrait de la princesse Grimaldi.

M. r.

Coll. de M. P.

90. — Portrait d'une dame en corsage bleu bordé de fourrures et décolleté. Cheveux poudrés avec nœud bleu.

M. r.

M. Alphonse Kann.

CASE.

Peintre exposant à St-Luc en 1752, qui n'a laissé que très peu d'œuvres. Aucun livre ne le mentionne, autre que le livret de 1752. Était-il fils de Pierre Jacques Cazes ou Case qui exposait de 1704 à 1748 ?

N° 120
Portrait de François de Beauharnais et de sa femme Marie-Anne-Henriette Pivart de Chastalet,
miniature d'après François-Hubert Drouais.
(appartient à M. Fitz-Henry)

91. — (1772.) Portrait d'une actrice en costume oriental. Elle est assise à mi-corps.

M. J.-J. Guiffrey de l'Institut.

M. ov. signée *Case 1772.*

CHARLIER (Jacques), né vers 1720, mort après 1779.

On n'a guère de renseignements biographiques sur le peintre à l'aquarelle et en miniature qui se donna la tâche de mettre Boucher en copies minuscules. Il décora un nombre infini de boîtes dans ce genre, et il eut de son temps une vogue qui n'a point diminué de nos jours. Le comte de Caylus possédait près de cent pièces diverses de sa main. Le prince de Conti lui avait commandé en 1772, douze miniatures au prix de 1.200 livres l'une; mais à la vente du Prince en 1777, elles tombèrent de plus de moitié. Charlier avait représenté sur des boîtes la plupart des membres de la famille de Louis XV.

Charlier était en discrédit après la mort de Louis XV. Il retardait. La vente qu'il projetait de ses œuvres ne lui ayant pas paru répondre à ses prétentions, il la fit arrêter. Il mourut peu de temps après.

92. — Portrait de La Camargo.

Coll. Bon de Schlichting.

M. ov..

93. — (D'après F. Boucher.) Les nymphes endormies.

Coll. Bon de Schlichting.

Gouache.

94. — Jeune femme dévêtue couchée sur un sopha.

Coll. Bon de Schlichting.

M. c.

95. — (D'après F. Boucher.) Bacchante endormie.

Coll. Bon de Schlichting.

M. c.

96. — (D'après F. Boucher.) 1° Vénus et l'Amour. — 2° Vénus et l'Amour. — En deux poses différentes.

Coll. Bon de Schlichting.

M. c. en pendant.

CHASSELAT (Pierre), 1814.

Chasselat n'a point laissé un très grand nom. Il était né vers le milieu du XVIIIe siècle, et avait étudié la peinture à l'atelier de Vien. On connaît des œuvres de lui allant de 1775 à 1814, mais sa période de production la plus féconde fut entre 1806 et 1810. Il fut le père de Charles Chasselat peintre d'histoire, élève de Vincent, et auteur du *Repos de Bélisaire*. Chasselat fils était peintre du Roi, pour les fêtes et les décorations publiques.

97. — Portrait de deux dames en coiffure de 1775 environ, dont l'une s'apprête à chanter, et l'autre tient une guitare.

M. r. signée *Chasselat*.

Collect. Doistau.

COINCY (Henriette-Sophie de La Fontaine dame de), 1763-1848.

Peintre en miniature et à l'huile d'un fort agréable talent; elle était la cousine de Mme Pauline du Cruet, femme du grand miniaturiste Augustin. Elle naquit en 1763 et mourut en 1848.

98. — Portrait de ses huit enfants, en brochette sur une tabatière.

M. ov. en largeur.

Hérit. Augustin.

COSWAY (Richard), 1740-1821.

Le plus grand miniaturiste de l'école anglaise, encore que son esthétique se ramène à quelques formules dont la répétition est faite pour lasser. Cosway voyait ses contemporains uniformément pourvus d'yeux énormes et rieurs, de bouches souriantes sans beaucoup de caractère. Toutefois certains portraits de lui ont un charme particulier. Fils d'un maître d'école du Devonshire qui vit avec peine le goût de son fils pour la peinture, Cosway dut à un oncle de pouvoir venir à Londres où il entra à l'atelier de Hudson. Pour vivre il fit des boîtes, des éventails et des bonbonnières. La protection du Prince de Galles lui ouvrit les portes de la Royal-Academy (1771), mais sa fin fut attristée par le détachement de la génération nouvelle pour ses œuvres. Resté glorieux et un peu vantard, Cosway dut convenir qu'il ne plaisait plus. Il mourut à 81 ans.

Marie Cosway sa femme, peintre en miniature également, dut venir s'établir en France pour des raisons de santé. Elle entra en 1804 dans un couvent à Lyon dont elle devint la supérieure. On lui doit la duchesse de Devonshire en *Cynthia* (voir ci-après à la gravure anglaise).

99. — Portrait de femme.

M. r.

Coll. de M. P.

100. — Portrait de dame, tête nue et corsage décolleté.

M. ov.

Coll. Bon de Schlichting.

101. — La Comtesse de Portsmouth.

M. ov.

Coll. de M. P.

102. — Portrait de la duchesse de Lancastre.

M. ov.

Coll. de M. P.

103. — Portrait de James Jones esquire, mort en 1791 à 51 ans (cette mention est gravée en émail sur un cercle bleu au revers du médaillon).

M. le Cte Mimerel.

M. ov. en médaillon d'or émaillé bleu.

COTEAU.

Peintre émailliste, qui habitait à Paris, rue Poupée, 9, et qui exposa au Salon de 1812. Il travaillait pour Élisa Bonaparte.

104. — (D'après Hubert.) Émail, fond blanc, représentant Voltaire. On lit en légende à gauche et à droite : « Coteau d'après l'original de M. Hubert, fait d'après nature à Ferney-Vol... »

M. le Bon de Fleury.

Ovale, ébauché.

COURTOIS (Nicolas-André) ? — ap. 1797.

On croit que cet artiste émailleur tenait à la famille de Nattier par la première femme de Marc Nattier, Marie Courtois, elle-même peintre en miniature et qui donna deux fils à ce dernier ; l'un deux fut le célèbre Nattier. Courtois serait le petit-neveu de Marie Courtois et le cousin de Jean-Marc Nattier. On a voulu le rattacher également aux Courtois ou Courteys émailleurs des XVIe et XVIIe s., mais sans preuves.

Courtois était un continuateur de Petitot, dans la seconde moitié du XVIIIe siècle. Ses portraits furent exposés aux Salons, entre 1771 et 1777. Il fut agréé de l'Académie en 1770, et c'est de cette année que date son portrait par lui-même exposé ici. Ses œuvres sont rares et fort recherchées. Une boîte de lui, datée de 1795, appartenait à Mme Récamier.

105. — (1770.) Portrait du peintre émailleur « N.-A. Courtois, par lui-même, en mars 1770 ».

Émail ovale.

M. Lecomte du Nouÿ.

106. — Portrait d'un homme.

Émail rond sur boîte ovale en largeur.

Coll. Doistau.

107. — Portrait présumé de Madame du Châtelet, d'après Mlle Loir.

Émail ovale.

Coll. Bon de Schlichting.

108. — Portrait de jeune femme dévêtue sur un lit de repos et jouant avec un chat noir.

Émail ovale.

Coll. Bon de Schlichting.

109. — (Vers 1760.) Portrait d'homme.

Coll. Doistau.

Émail ovale signé *Courtois*.

CROISIER (Marie-Anne).

On est sans aucun renseignement sur cet artiste, probablement artiste provincial, peut-être parent du graveur Marie-Anne Croisier, née en 1765. On a lieu de croire cependant qu'il s'agit bien de Mlle Croisier elle-même, âgée de 47 ans en 1812.

110. — (1812.) Portrait de Madame Marcelle Berthoud d'Audray, mariée à Maximilien Chevalier d'Aunay, belle-mère du baron Doncœur.

Mme la Baronne Doncœur.

M. c., signée *Croisier 1812*.

111. — (1812.) Portrait de Marie-Reine-Cécile. Chevalier d'Aunay, mariée au colonel baron Doncœur.

M. c.

Mme la Baronne Doncœur.

DAGOTY (N.).

Membre de la nombreuse famifle des Dagoty graveurs, installé à Bordeaux où il exécuta de nombreuses miniatures vers 1805-1815.

112. — (1810?) Portrait de Ambroise-Michel du Bousquet, officier du service de santé des armées impériales.

M. r.

M. Charles du Bousquet.

DAVIN (Césarine-Henriette Flore Mirvault dame).

Née à Paris en 1773, elle étudia chez Suvée et chez David, mais ce fut Augustin qui fut son maître de miniatures. Elle exposa aux Salons de 1798 à 1822. Mme Davin fut surtout un professeur. Elle avait un atelier d'élèves rue d'Orléans. Elle mourut en 1844. Ses œuvres se rencontrent bien rarement, et sa signature prête à la confusion. On lit volontiers *David*.

113. — (1803.) Portrait de Joachim Murat, roi des Deux-Siciles, en costume militaire.

Coll. de M. Bernard Franck.

M. ov. signée *Davin 1807*.

114. — (Vers 1807.) Portrait de Caroline? Bonaparte femme de Joachim Murat (ou Élisa?).

Coll. de M. Bernard Franck.

M. ov. signée *Davin*.

N° 127
Portrait d'Alexandre de Beauharnais et de ses parents, par François-Hubert DROUAIS
(appartient à M. Fitz-Henry)

DEBUCOURT (Louis-Philibert).

Peintre-graveur dont il sera parlé au Catalogue des estampes ci-après. Il était né à Paris en 1755, et mourut à Belleville en 1832.

115. — Portrait de Madame Françoise Marquant, seconde femme de Debucourt, mariée le 2 ventôse an XI (1803).

Dessin à la pierre noire relevé d'aquarelle et de gouache.

Debucourt avait alors perdu sa première femme, fille du sculpteur Mouchy, et son fils, âgé de dix-huit ans, mort en 1801. Il épousa Mlle Marquant, sa voisine du 17 de la rue Franklin à Passy, vieille fille presque de son âge. Il avait alors 48 ans. Ce dessin provient de M. Jazet parent et héritier de Debucourt (voir Gravures, *Debucourt*).

Coll. Maurice Fenaille.

DERUNTON.

Il n'y a aucun renseignement sur ce miniaturiste assez habile qui ne paraît pas avoir exposé dans les petits Salons du XVIIIe siècle. La pièce que nous montrons est la seule signée de ce nom.

116. — (1789.) Portrait de jeune femme en habit du matin, représentée dans un parc. A droite, une cascade, et dans le fond, un château avec fronton.

M. r. signée *Derunton*.

Coll. Doistau.

DESCAMPS fils (Jean-Baptiste).

Fils du célèbre peintre et écrivain d'art Jean-Baptiste Descamps, auteur de la *Vie des Peintres* et fondateur de l'École gratuite de dessin de Rouen. Jean-Baptiste était né à Rouen en 1742, il y succéda à son père en 1791, fut emprisonné en 1793, et devint en 1809 conservateur du Musée de sa ville natale où il mourut en 1836.

117. — (1774.) Portrait du peintre Decamps, auteur de la « Vie des Peintres », et directeur de l'École de Rouen.

M. r. signée *Descamps fils à Rome 1774*.

M. Tony Dreyfus.

DESFOSSÉS (Henri, vicomte).

Né en 1764 dans l'Oise, mort en 1808; il fut élève de Hall, mais ses goûts le portèrent vers le genre plus sobre d'Augustin, dont il devint un véritable pasticheur. Il avait été officier de cavalerie.

118. — (1791.) Portrait de femme de profil, les cheveux bouclés et poudrés ornés d'un turban. Quatre rangs de perles au cou. Corsage blanc, fond noir.

M. Alphonse Kann. M. en grisaille r. signée *H. D. 1791*.

DOA... DABOS (Mme)?

119. — (1795.) Portrait d'un homme à redingote bleue et gilet à fleurs.

M. Verdé Delisle. M. r. sur boîte signée *Do...*

DOUCET DE SURINY (LA CITOYENNE, J.) NÉE GLAESNER.

Cette dame artiste exposait dès 1791 aux Artistes libres de la rue de Cléry ; elle exposa en 1795, 96, 1800 et 1806. Elle avait épousé le frère de Marie-Suzanne Doucet de Suriny, baronne de Bussières, dont nous exposons le portrait par Hall. Elle signait J. D. Suriny. Son talent très réel lui donne un bon rang dans les miniaturistes de la Révolution.

120 — (Vers 1797.) Portrait d'un homme, le visage tourné vers le ciel, et portant un chapeau haut de forme du Directoire.

M. Verdé Delisle. M. ov. signée *J.-D. Suriny*.

DROUAIS (Les) PÈRE ET FILS.

Hubert Drouais père était né à La Roque en Normandie en 1699, il mourut à Paris en 1767. Il excella dans la miniature sur carton. On voit paraître de ses œuvres dès 1737 jusqu'en 1755. Son art très habile en faisait un digne rival de Baudouin et de Massé qu'il surpasse dans le portrait.

François Hubert son fils, né en 1727, mort en 1775, a fait peu de miniatures, cependant il y a lieu de lui attribuer le portrait de Buffon dont il avait exécuté une peinture sur toile en 1761.

121. — Portrait de Jean-Paul Timoléon de Cossé Brissac, maréchal de France, † 1784.

Coll. de M. P. M. r.

122. — (Vers 1760.) Portrait d'une dame avec son fils sous les traits de l'Amour.

Coll. Bon de Schlichting. M. r.

123. — Portrait du peintre François Boucher ?

Coll. de M. P. M. r.

124. — (Drouais fils.) Enfants jouant avec une marmotte, et que l'on sait être les fils de M. de Choiseul. (A rapprocher du tableau appartenant à M. le baron H. de Rothschild.)

Gouache.

Mme Rabot de Monvault.

125. — (1761.) Portrait de Buffon portant une veste rouge à brandebourgs d'or.

M. r.

M. Maxime Faivre.

126. — (Heinsius ? d'ap.). 1° Miniature représentant les portraits de François, Marquis de Beauharnais, chef d'escadre et gouverneur de la Martinique et de sa femme Marie-Anne-Henriette Pivart de Chastalet, père et mère d'Alexandre de Beauharnais, mari de Joséphine Tascher de la Pagerie, depuis impératrice des Français. Cette miniature a été inspirée d'un tableau exécuté par Drouais en 1765 représentant Alexandre à huit ou neuf ans, portant les médaillons de ses père et mère. Le personnage de droite paraît être l'auteur du dessin, qui n'est pas Drouais. Le tableau original a été rapproché de la miniature. Il provient d'un prêtre qui avait été le précepteur du vicomte Alexandre.

M. rect. non signée.

M. Fitz-Henry.

127. — 2° Portrait peint sur toile du jeune Alexandre de Beauharnais né en 1760. A remarquer les médaillons des père et mère dont les visages ont été rigoureusement copiés dans la miniature ci-dessus, mais les costumes ont été transformés.

Peinture sur toile rectang. en hauteur.

M. Fitz-Henry.

DUBOURG (Augustin dit).

On a longtemps confondu Augustin dit Dubourg avec Jean-Baptiste Augustin. L'erreur vient de leur lieu d'origine qui est le même. Dubourg était aussi de St-Dié. Il exposait dès 1791 aux « Artistes libres », 95 rue de Cléry, puis au Salon en 1793, 98, 1800. Il habita successivement rue François et rue des Prouvaires. Il disparait après 1800. Ses portraits, sans égaler ceux d'Augustin, sont fort recherchés par les collectionneurs. Il signait *Augustin Dubourg*, ou *Dubourg*. C'était, croit-on, un cousin du grand Augustin.

128. — (Vers 1798.) Portrait d'une dame représentée dans un costume de naïade. Elle a le bras droit appuyé sur une urne ; en arrière d'elle, un paysage.

M. r. signée à l'or *Dubourg*.

Mme Henri Bouchot.

129. — Portrait d'une jeune femme disposant une guirlande aux pieds d'une statue de l'Amour. Vers 1790.

M. r. signée *Augustin Dubourg*.

Coll. Doistau.

DUCHESNE DE GISORS (Jean-Baptiste-Joseph).

Fils de Jean-Baptiste Gisors sculpteur; il naquit à Gisors (Eure) en 1770 et mourut en 1855. On le nomme aussi Duchesne des Argilliers. Il fit la miniature et l'émail avec un égal succès, mais on recherche de préférence ses émaux. Il était élève de Vincent, et avait exposé dès 1802. Il remporta une grande médaille en 1821. On le chargea sous le règne de Louis-Philippe de continuer la collection des émaux de Petitot.

130. — (1819.) Portrait du baron Corvisart en 1819.

Email signé *Duchesne 1819*.
(Voir Isabey. Cadre de 5 miniatures nos 259-262.)

Mme Rolle.

DUCREUX (Joseph).

Né à Nancy 1737, mort 1802. Premier peintre de la reine Marie-Antoinette. Il a peu fait de miniatures, mais celles que l'on connaît de cet excellent artiste sont de premier ordre.

131. — Portrait de l'acteur Chénard dans son costume du « Déserteur ».

M. r.

Coll. Doistau.

DUMONT (François).

L'un des plus grands miniaturistes de la fin du XVIIIe siècle, venu de Lorraine, comme Isabey et Augustin, et comme eux ayant tenu l'un des premiers rangs. Dumont était l'aîné de la pléïade, étant né à Lunéville, en 1751, de Toussaint Dumont et de Madeleine Rebours. Resté orphelin avec six frères et sœurs, il vint à Paris pour s'y créer des ressources urgentes. Dès l'année de son arrivée, en 1769, il s'était trouvé de menues besognes de portraits, et grâce à l'appui d'une compatriote, alors académicienne, Mme Vallayer Coster, il se sortit très vite de gêne. Après une dizaine d'années de travail il était devenu presque riche, il alla à Rome en 1784, et se perfectionna dans son art au point de devenir le miniaturiste attitré de la Cour, et l'artiste le plus réputé dans le « petit genre du portrait mignard ». En 1788 à 37 ans il entrait à l'Académie, et en 1789 il épousait Nicole Vestier fille du célèbre Antoine Vestier. Le roi lui donna l'appartement de Cochin au Louvre. De 1789 à 1824, François Dumont occupa une place prépondérante dans les Salons de peinture, cependant Isabey et Augustin l'éclipsèrent un peu après la Révolution. Ses œuvres ont une liberté, une précision et parfois un osé tout modernes. Il procède par touches amples et larges, mais on lui reproche certaines lourdeurs. Il

N° 233
Portrait d'une femme de 1790, par Hall-Dumont
(appartient à M. Bernard Franck)

N° 139
Portrait de jeune femme, par François Dumont
(appartient à Mme Guérard)

est amplement représenté au Louvre, grâce à la libéralité du Dr Gillet, héritier de son fils Bias.

Son frère Laurent Nicolas Antoine dit Tony fit aussi des miniatures signées *Dumont à Paris*.

132. — Portrait de Dumont par lui-même.

M. r.

Coll. Bon de Schlichting.

133. — Portrait de la reine Marie-Antoinette vers 1774.

M. ov. sur une boîte.

Coll. Doistau.

134. — Portrait de Madame Anne Agathe Isnard femme de François Lagrénée.

M. signée *Dumont à Rome 1784*.

M. Vaudoyer.

135. — (1788.) Portrait de Madame Anne Doré femme de François-Hubert Drouais, peintre du Roi, premier peintre du comte de Provence. Ce portrait fut exécuté d'après une œuvre antérieure; Anne Doré avait en effet plus de cinquante ans en 1784 et son fils était mort à Rome, cette année même. Ce portrait fut exposé en 1788.

M. r. signée *Dumont*.

M. R. Prinet, artiste peintre.

136. — Portrait de l'acteur Jean Mauduit, dit La Rive, acteur et correspondant de l'Institut. Il est représenté dans un rôle (provient de Maze-Sencier).

M. r. non signée.

Coll. de M. P.

137. — (1792 environ.) Portrait d'une jeune femme que l'on appelle la M^{ise} de Saint-Phar (?) et qui est représentée avec une chemisette flottant sur les revers du corsage.

M. r. sur boîte d'écaille.

Coll. de M. P.

137ᵃ. — (1795 ?) Portrait d'une dame en costume de Sapho, tenant une lyre, dans un paysage. Portrait de Mme de Saint-Just née Godart d'Aucourt.

Gr. m. signée *Dumont*.

Coll. Bon de Schlichting.

138. — (1792.) Portrait de l'acteur Mandini. (Le double de ce portrait est au Louvre.) Salon de 1793.

M. r.

Coll. A. Jubinal de St-Albin. Prêté par Mme Georges Duruy.

Exposition du XVIIIe siècle.

139. — (Vers 1792.) Portrait d'une jeune femme en corsage décolleté et les bras nus, élevant une couronne de fleurs et tenant une autre couronne enroulée autour du bras droit.

Mme Guérard. *M. r. signée Dumont.*

140. — (1794). Portrait de l'architecte Vaudoyer, depuis membre de l'Institut.

M. Vaudoyer. *M. signée Dumont f. l'an 3e.*

141. — (1794.) Portrait d'un homme à cheveux gris, le col dégagé, vêtu d'un habit à revers écarlates. Portrait prétendu du chef vendéen La Rochejacquelin (?).

M. Fitz-Henry. *M. r. signée Dumont f. l'an 2e. Boîte.*

142. — (Vers 1791.) Portrait d'un homme de l'époque révolutionnaire, personnage à nez très fort, et perruque grise. M. de Damas.

M. Verdé Delisle. *M. r. signée Dumont ft.*

143. — (1799.) Portrait de Mme Vaudoyer, née Lagrénée.

M. Vaudoyer. *M. signée Dumont f. l'an 7.*

144. — (1783.) Portrait d'homme.

Coll. Doistau. *M. ov. signée et datée 1783.*

145. — (1785.) Portrait de dame coiffée d'un bonnet et portant un fichu jaune.

Coll. Bon de Schlichting. *M. r. signée et datée Dumont 1785.*

146. — (1786.) Portrait d'une dame debout devant son château et tenant des fleurs dans la main.

Coll. Doistau. *M. ov. dans un cadre, signée Dumont 1786.*

147. — (Vers 1786.) Portrait d'un artiste en costume de soie grise.

Coll. Doistau. *M. ov. signée Dumont.*

148. — Portrait d'un homme portant un habit à reflets changeants, 1785-90.

Coll. Doistau. *M. ov. sur boîte signée Dumont.*

149. — (1787.) Portrait d'une dame en costume de bergère Louis XVI, chapeau de paille et corsage serré, montrant la statue de l'Amour à sa fille.

M. r. signée *Dumont 1787*.

Coll. Bon de Schlichting.

150. — Portrait d'une dame en costume du matin, appuyée sur un autel de l'Amour dans un parc. Vers 1788.

M. sur boîte ronde.

Coll. Doistau.

151. — (Vers 1789.) Portrait d'une jeune femme assise au milieu d'un parc.

M. ov.

Coll. Bon de Schlichting.

152. — Portrait de femme inconnue, en costume de 1790 environ.

M. sur une boîte ronde.

Coll. Doistau.

153. — Portrait d'une dame en grisaille, représentée assise sur un canapé ; elle porte une robe rayée et un turban à la Vigée Lebrun.

M. r.

Coll. Doistau.

154. — (Vers 1790.) Portrait d'une inconnue, de face, tête nue avec un ruban dans les cheveux.

M. r.

Mme Achille Fould.

155. — Portrait de femme dans un parc. Elle tient des roses et se dirige à gauche. Elle est inspirée de la Marie-Antoinette de Mme Vigée Lebrun.

M. r. signée *Dumont*.

Coll. de M. P.

156. — Portrait de femme en costume de la fin du XVIIIe siècle. Elle a une couronne de fleurs en Cérès.

M. r.

Coll. de M. P.

157. — (1786 ?). Portrait d'un homme de lettres ou d'un homme d'État, assis à sa table de travail et tenant un mémoire (le Cte de Montmorin exposé en 1789 ?).

M. r.

Coll. de M. P.

158. — (Attribué à) Portrait d'une dame âgée et de ses deux filles. L'une de celles-ci tient une harpe, l'autre dessine sur ses genoux.

M. r.

Coll. Doistau.

DUMONT (Laurent-Nicolas-Antoine dit Tony).

159. — Portrait d'une jeune femme en costume de 1790 environ, tenant à droite et à gauche les portraits « peints sur toile » de ses père et mère (?). Cette miniature passait, aux yeux de M. Feugère, pour le portrait de Mme Roland, tenant le portrait de Gatien Phlipon graveur, son père, et de Marie-Marguerite Bimont, sa mère ; mais cette opinion nous paraît fort risquée.

M. r. signée *Dumont à Paris.*

Cabinet des Estampes. Don Feugère.

EDRIDGE (Henry).

Miniaturiste anglais né à Paddington en 1769, élève du graveur en mezzotinte William Pether (voir Estampes). Il vint en France en 1817 et 1819, et c'est de cette époque que son habileté de miniaturiste s'affirma. Il mourut en 1821.

160. — Portrait de Mme Priscilla Armitage. Jeune femme à cheveux moutonnés et courts, en corsage clair, représentée de 3/4 à droite.

M. ov.

Coll. de M. Viennot.

ENFANTIN.

Miniaturiste français dont les œuvres fort rares sont recherchées par les amateurs. Il exposait à la place Dauphine en 1788 et un gazetier d'art dit de lui : « Des émaux, des camées, des miniatures par M. Enfantin, ont été vus avec plaisir. Je lui ai reproché l'année précédente (1787) de forcer quelquefois ses proportions, je n'ai pas aujourd'hui le même reproche à lui faire. Son ton de couleur est aimable. » Il avait exposé en 1786, 87, au même endroit. On le dit père d'Augustin Enfantin, né en 1793.

161. — (1789.) Portrait de femme en buste, aux cheveux poudrés, ornés d'un ruban rouge, corsage bleu avec grand col blanc, et une rose au corsage.

M. r. sur boîte, signée *Enfantin 1789.*

M. Alphonse Kann.

ENGLEHEART (Georges).

Miniaturiste anglais très célèbre, né en 1752, mort en 1829. Son manque de personnalité fait que ses œuvres innombrables se confondent souvent avec les travaux d'autres artistes, surtout Cosway ou Plymer. Il exposa à la R. A. de 1774 à 1812. Il signait souvent G. E.

162. — Portrait d'un homme de 1790 environ, représentant un personnage de 50 à 60 ans, avec perruque poudrée et habit bleu.

M. ov. dans un cercle de perles.

Coll. de M. Viennot.

N° 180

Portrait d'une jeune femme du Directoire, par Jean GUÉRIN
(appartient à Mme de Saint-Martin Valogne)

N° 178

Portrait de Mme X, par Jean GUÉRIN
(appartient à Mme de B.)

FONTALLARD (Jean-François, Gérard dit).

Élève d'Augustin, né à Mezières dans les Ardennes, mort en 1857. C'était l'un des disciples les plus attachés au maître miniaturiste dont il avait exagéré la manière un peu trop formelle. Les œuvres de Fontallard ont cependant un esprit spécial dans leur précision qui fait penser aux meilleurs dessins au crayon d'Ingres. Il exposa dès 1798 jusqu'en 1835.

163. — (Vers 1810.) Portrait d'une dame en costume extrêmement poussé et coiffure excentrique.

M. signée *Fontallard*.

M. le Cte Mimerel.

FRAGONARD (Henri).

Né à Grasse 1732, mort en 1806. Fragonard n'était pas un miniaturiste; ses pochades d'enfants, sur ivoire, sont un délassement, et on peut dire une amusette de son pinceau. Sa gloire posthume, aujourd'hui fort majorée, n'a rien à gagner d'avoir à compter quelques jolies aquarelles sur ivoire. Cependant ces pièces rares sont recherchées avec passion.

164. — Apollon et Daphné.

Gouache de début du maître.

Coll. Bon de Schlichting.

165. — Portrait d'enfant.

M. ov.

Coll. de M. P.

166. — Portrait d'une jeune fille tenant un oiseau.

M. ov.

Coll. Bon de Schlichting.

167. — Portrait d'une jeune fille en corsage bleu.

M. ov. sur boîte ronde.

Coll. Doistau.

GARNERAY (Jean-François).

Né en 1755, mort en 1837. Il était le père d'Auguste Garneray, dessinateur du Théâtre-Français.

168. — (Attribué à 1795.) Femme inconnue représentée de 3/4 à droite; elle porte un chapeau pointu et un perroquet sur le doigt.

M. r.

Mme Achille Fould.

GAULT DE SAINT-GERMAIN (J.-V.-J.).

On le nomme Pierre-Marie et pourtant une de ses miniatures est signée de ces initiales. Il était élève de Durameau, et c'est lui qui le premier imagina la peinture dite en camées, en société avec l'abbé de Lachaux. Il était né en 1754 et dès 1774 il exposait de ces camées à Saint-Luc. Il est l'inventeur d'un instrument pour la mise en perspective des corps dans l'espace. Il avait épousé en 1788 une polonaise, Mlle Rajeska, qui fut pour lui une compagne dévouée. Il mourut en 1842.

169. — L'ivresse de Silène. Bacchanale en grisaille camée.

Coll. de M. P.

M. r. signée *J. V. J. de Gault.*

GÉRARD (Marguerite), 1761-

Mlle Gérard, belle-sœur de Fragonard et son Égérie, était née à Grasse en 1761. Elle imita son beau-frère en tout, nul doute qu'elle eût essayé la miniature, mais ce n'était point une professionnelle dans cet art spécial.

170. — Portrait de femme en corsage jaune décolleté; cheveux noirs sur le front.

M. Alphonse Kann.

M. r. signée *M^{te} G. d.*

171. — (D'après Fragonard, vers 1780.) Les Joies de la maternité.

Coll. Bon de Schlichting.

M. r.

GIGOLA (Jean-Baptiste), 1778-après 1819.

Miniaturiste né à Venise, qui étudia à Milan et vint à Paris au commencement de l'Empire. C'était un artiste raide et un peu froid, mais d'un coloris assez agréable. Il illustra *Roméo et Juliette* en 1814. Il exposa aux Salons parisiens dès 1803.

172. — Portrait du Prince Eugène de Beauharnais en grand costume de vice-roi. En pied.

Coll. de M. Bernard Franck.

M. c. signée *Gigola à Milan 1805.*

GREUZE (Jean-Baptiste), 1725-1805.

Né à Tournus, en 1825, mort à Paris en 1805. Greuze ne fut jamais un miniaturiste. Peut-être essaya-t-il du genre lorsque la commande était de conséquence. Il y a en Russie, dans des collections particulières, des boîtes qu'on dit de sa main, mais rien n'est moins prouvé. Au contraire, il fit des gouaches assez habilement traitées.

173. — La Belle Lessiveuse. Pièce ayant figuré dans la corbeille de mariage de Mlle de Sombreuil.

Coll. Bon de Schlichting.

Gouache.

GREVEDON (Pierre Louis dit Henri).

Né en 1776, élève de Regnault. Lithographe, il fit des miniatures à son retour d'Angleterre, en 1816. Il mourut en 1860.

174. — (1818.) Portrait d'une dame en costume de « chaperon rouge » avec toque noire à plumes, collerette brodée, corsage en drap écarlate.

Mme Delcassé. M. ov. signée *Henry Grevedon 1818*.

GUÉRIN (Jean), 1760-1836.

Jean Guérin, l'un des miniaturistes les plus recherchés de la fin du xviiie siècle, était né è Strasbourg, en 1760. Il fut le compagnon d'Isabey à l'atelier de David. Ses œuvres ayant été appréciées à la Cour, il fit le portrait du roi et de la reine ; ensuite ceux de plusieurs célébrités de l'Assemblée nationale ; des hommes, ce n'était pas pour plaire. Au Salon de 1798, il mit le portrait de Kléber, aujourd'hui au Louvre, dont il fit plusieurs copies.

Ses portraits de femmes sont plus rares et plus disputés dans les ventes. Il mourut à Obernai (Alsace) en 1836.

175. — (1798.) Portrait du général Kléber, dans la pose du portrait conservé au Louvre. Réplique avec variantes.

Coll. de M. Bernard Franck. M. ov. signée *J. Guérin 1798*.

176. — Un jeune homme et une jeune femme dans un parc. Ils sont en costume de 1790 environ.

Coll. Doistau. M. r. signée *Guérin F.* sur une boîte.

177. — (Vers 1792.) Portrait de Mme la vicomtesse Renouard de Bussières, née baronne Frédérique de Franck.

Coll. de Mme la Ctesse E. de Pourtalès. M. ov.

178. — Portrait de Mme X*** portant un voile de dentelle blanche et un corsage blanc décolleté.

Mme de B. M. r.

179. — Portrait d'un personnage de l'époque révolutionnaire.

Coll. Doistau. M. ov. signée *Guérin J.*

180. — (1795 ?-.) Portrait d'une jeune femme du Directoire. Elle est coiffée d'une marmotte de foulard rouge, et porte les cheveux épars. Elle a le sein nu. (La chemise est rapportée).

M. ov. non signée, mais connue pour être de Guérin.

Mᵐᵉ de Saint-Martin Valogne.

181. — Portrait d'un homme à grands cheveux, non poudrés, de l'époque révolutionnaire. Présumé être Boissy d'Anglas.

M. r. signée *J. Guérin.*

Coll. Doistau.

182. — (Vers 1798.) Portrait d'un militaire en costume civil.

M. ov. non signée, *attribuée à Guérin.*

M. le Cᵗᵉ Mimerel.

183. — (Vers 1804.) L'impératrice Joséphine, en buste, en grand costume de cour.

M. ov.

Coll. de Mᵐᵉ la Comtesse E. de Pourtalès.

184. — (Vers 1805.) Portrait d'un homme de cinquante ans environ, portant les cheveux longs et gris, des boucles d'oreilles et un costume de préfet. Vers 1805.

M. signée *Guerin.*

Coll. Doistau.

185. — Portrait d'un cavalier du temps du Directoire portant un mirliton à la Marceau avec flamme enroulée.

Dessin à l'aquarelle sur papier.

Coll. de M. Bernard Franck.

HALL (Pierre-Adolphe), 1736-1793.

Le plus illustre peintre en miniature du XVIIIᵉ siècle. Il était né à Stockholm en 1736 et était venu à Paris pour y étudier en 1760, sur ses vingt-quatre ans. Hall prit aux Français, Boucher, Baudouin et autres la liberté d'allures qui lui manquait, et servi par une habileté et une vision extraordinaires, il se fit une formule à lui, légère, souple, précise pourtant, qui le révèle entre cent autres. Surchargé de travaux, il avait réglé le prix de ses miniatures en six tailles différentes, depuis 10 louis jusqu'à 50. Il gagnait ainsi de vingt à trente mille livres l'an, tant sa main était agile. Marié à Mˡˡᵉ Godin de Versailles, il était devenu Français, Français au point de refuser à Gustave III de retourner en Suède. La Révolution le ruina. Ses clients avaient fui, il partit seul pour le Nord, espérant trouver de l'ouvrage en route. Il mourut en 1793, à Liège, d'une attaque d'apoplexie, à 57 ans, ayant connu la plus grande gloire que jamais aucun miniaturiste eût conquise. Les comptes rendus de Salon le traitent en peintre d'histoire. Il laissait cependant sa famille dans le besoin, car son talent n'était pas sans caprices et il dépensait sans compter.

La grande miniature de lui, appartenant à Madame de Polès, est dans les dimen-

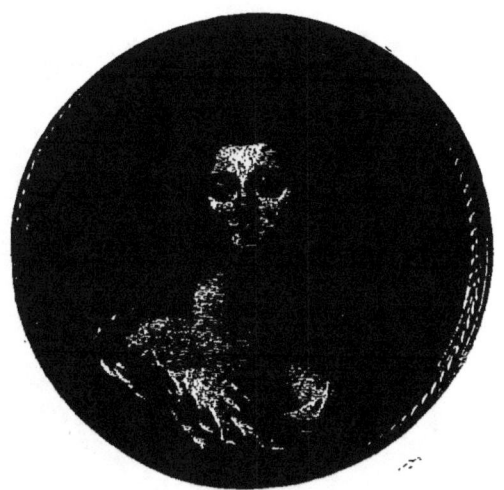

N° 222

Portrait de femme vers 1788, par HALL
(appartient à Mme de B.)

N° 162

Portrait d'homme, vers 1790, par ENGLEHEART
(appartient a M. Viennot)

sions de celles qu'il cotait à 50 louis, soit 1.200 francs. Le temps n'est pas loin où de pareilles pièces atteindront facilement le centuple. Hall peignit de 80 à 100 portraits par an, de 1769 à 1789, soit plus de 2.000 pièces. Il fut donc à la fois le plus habile et le plus fécond des miniaturistes. Il avait été très influencé par Alex. Roslin, son compatriote et ami.

186. — Portrait d'une dame en costume clair, assise au milieu d'un parc. Elle a la main gauche posée sur un vase. On voit à droite une fontaine d'Amours et à gauche une rose trémière. Elle est coiffée et ajustée à la mode de 1785-90, et paraît âgée de 25 ans.

On lit derrière le cadre, en suédois : Drottning Luisa Ulrica fràu Preusen. Cependant ce n'est point ici le portrait de la reine Louise de Prusse, reine de Suède, sœur du grand Frédéric, mais peut-être celui de Charlotte Ulrique de Prusse devenue duchesse d'York. Nous devons faire remarquer toutefois que cette très jolie personne est bien française d'allures, et qu'elle rappelle singulièrement le décor et les poses ordinairement données à la Nina, comme on peut s'en convaincre en la comparant à la *Nina* gravée par Janinet d'après Hoin, et au portrait de la Dugazon dans son rôle du même personnage, peint par Madame Vigée, et appartenant à Madame la comtesse de Pourtalès.

Cette miniature, d'une importance capitale, provient de la vente Mülbacher, où elle atteignit le plus haut prix auquel fût jamais montée une œuvre de ce genre (voir ci-après n° 209).

M. c. de dimensions exceptionnelles.

Coll. de Mme C. de Polès.

187. — (1789.) Portrait prétendu de Sophie Arnould, représentée à son piano. Elle porte un chapeau et une robe en velours bleu.

M. r. signée *Hall*.

Coll. de M. P.

188. — Portrait de S. A. R. M. le comte d'Artois, frère du roi Louis XVI.

M. r.

Coll. Doistau.

189. — Portrait de Madame d'Autichamp, sur un fond de paysage.

M. r.

Coll. de M. P.

190. — (1790.) Portrait du baron de Bernicourt. Ébauche.

M. ov. signée *Hall 1791*.

M. le Cte Mimerel.

191. — Portrait du ministre Calonne vers 1788.

M. ov. signée *Hall*.

Coll. Doistau.

192. — (1787.) Portrait de M. Campan, bibliothécaire de la reine Marie-Antoinette, en costume du matin.

Coll. Bon de Schlichting.

M. ov. signée et datée *Hall 1787* (dans son cadre d'origine).

193. — Mme de Clermont Tonnerre en coiffure élevée, portant un corsage entr'ouvert.

Coll. de M. P.

M. r.

194. — (Vers 1785.) Portrait de M. le Cte Pierre de Corneillan, gendarme du roi, gentilhomme ordinaire de M. le Cte d'Artois.

M. le Cte Mimerel.

M. sur boîte signée *Hall*.

195. — Portrait du graveur en manière de crayon Gilles Demarteau né à Liège, mort à Paris en 1788 (voir les œuvres de Gilles Demarteau à la série Estampes).

Coll. Doistau.

M. ov. sur boîte ronde.

196. — Portrait de Mlle de Duras enfant.

Coll. de M. P.

M. r. sur une boîte.

197. — Portrait prétendu du duc d'Enghien né en 1772 † 1804 (n'est pas le duc d'Enghien, mais peut-être Louis-Philippe, duc de Chartres).

Coll. de M. P.

M. r. signée *Hall*.

198. — Portrait de la comtesse d'Estrades en costume de bergère et fichu menteur sur un fond de verdure.

Coll. de M. P.

M. r.

199. — (1787.) Portrait de Louis-Félicité Omer, comte d'Estampes, né à Paris en 1762.

Coll. Doistau.

M. signée *Hall 25 février 1787*.

200. — (Vers 1789.) Portrait de Madame Marie-Suzanne Doucet de Suriny, femme de Étienne Cyprien Renoüard de Bussières, seigneur du marquisat de Roche en Franche-Comté. Au revers un quatrain de la main de son mari, mort en 1794. Elle est représentée en buste sur un fond de verdure.

M. r.

Coll. de Mme la Comtesse E. de Pourtalès.

201. — (Vers 1790.) Portrait de Mme Doyle, en secondes noces princesse de Monaco.

M. ov.

M. le Cte A. de Chabrillan.

202. — Portrait de la duchesse de Guiche (pièce attribuée à Hall).

M. ov.

Coll. de M. P.

203. — Portrait prétendu du roi de Suède Gustave III, exécuté en France lors du passage du Roi, en 1784 (ne concorde pas avec les portraits de ce prince).

M. ov.

Coll. de M. P.

204. — Portrait de Mme Hall, née Gobin (Mlle Gobin était fille d'un négociant de Versailles ruiné aux approches de la Révolution).

M. ov.

La famille de Hall, par lui-même, est à la galerie Wallace à Londres.

Mme Achille Fould.

205. — Portrait d'Adèle Hall, portant un fichu menteur. Fond de paysage.

M. r.

Coll. de M. P.

206. — Portrait du fils de l'artiste, Adolphe Hall enfant. Il tient le même chien kings'charles que sa tante la comtesse de La Serre, ci-après.

Médaillon.

Coll. de M. P.

207. — (Vers 1790.) Portrait de la comtesse de La Serre, belle-sœur du peintre. Elle est représentée sur un fond de verdure tenant un chien.

M. r. sur une boîte.

Coll. de M. P.

208. — Portrait de Mme la comtesse Helflinger, née O'Dune, femme de l'ambassadeur de France en Portugal.

M. r.

(Une des plus grosses enchères atteintes par une miniature, 28.200 fr.)
M. Cognac.

209. — Portrait prétendu de la princesse de Lamballe. ? Cette dame qui n'est pas la princesse de Lamballe, rappelle la figure et la pose de la miniature, appartenant à Mme de Polès (voir n° 186).

M. r.

Coll. de M. P.

210. — Portrait du médecin Leroy, représenté à sa table de travail.

M. r.

Coll. A. Jubinal de Saint-Albin. Prêté par Mme G. Duruy.

211. — Portrait de Mme Maldan.

M. r.

Coll. de M. P.

212. — Portrait de Mlle Romane ou Romany (peintre), probablement Adèle Romance, qui exposa en 1793.

M. r.

Coll. de M. P.

213. — (Vers 1780.) Portrait du Bailli de Suffren (Pierre André de Suffren), Saint-Tropez, vice-amiral, mort à la suite d'un duel, le 10 décembre 1786, avec M. de Mirepoix, à Versailles.

M. ov.

Coll. Doistau.

214. — Portrait de l'acteur Rochefort, chanteur de l'Opéra-Comique, dans son rôle de Colin du *Devin de village*.

M. ov. sur boîte.

Mme Achille Fould.

215. — (1777.) Portrait de jeune femme portant une dentelle noire en arrière de la tête, et une rose au corsage.

M. r. signée *Hall 1777*.

Coll. Bon de Schlichting.

216. — (Vers 1775.) Portrait d'un fermier général.

M. ov. signée *Hall*.

M. le Cte Mimerel.

N° 117
Portrait du peintre Descamps
par son fils Jean-Baptiste DESCAMPS
(appartient à M. Tony Dreyfus).

N° 246
Portrait présumé de Mlle Contat, par Claude-Jean-Baptiste Hoin
(appartient à M. Fitz-Henry)

217. — (1778.) Portrait d'un fermier général.

                                  M. ov. signée *Hall* dans un bijou en joaillerie.

    Coll. de M. Paul Delore.

218. — Portrait de dame en costume de gala de 1780, décolletée et coiffée de roses.

                                                              M. r.

    Coll. Doistau.

219. — Portrait d'une dame devant un chevalet portant une toile sur laquelle est peint un chien. Vers 1785.

                                                      M. r. sur une boîte.

    Coll. Doistau.

220. — Portrait d'une jeune femme en costume négligé, et représentée dans un parc, vers 1785.

                                                      M. r. sur une boîte.

    Coll. Doistau.

221. — (1787.) Portrait d'une jeune femme, les seins nus.

                                                     M. ov. signée *Hall 1787*.

    Bon de Schlichting.

222. — (1788.) Portrait de dame, les cheveux coiffés à la Reine, et la poitrine couverte d'une robe de linon (la princesse de Lamballe ?).

                                                                                                    M. r.

    Mme de B.

223. — Portrait de jeune femme dans un parc. Elle a des fleurs dans les cheveux et est à côté d'une statue de l'Amour. Vers 1788.

                                                                      M. r. sur une boîte.

    Coll. Doistau.

224. — Portrait d'un personnage portant un habit rouge. Vers 1790

                                                           M. ov. sur une boîte ronde.

    Coll. Doistau.

225. — Portrait d'une dame sur une boîte en écaille piquée d'or.

                                                                            M. r.

    Coll. Bon de Schlichting.

226. — Portrait d'homme à mi-corps, sur un fond de paysage. Cheveux gris, gilet rayé, col ouvert.

                                                                       M. r. signée *Hall*.

    M. Alphonse Kann.

227. — Portrait d'une dame d'âge mûr, représentée dans un parc devant un château.

    Coll. Doistau.   M. r. signée *Hall.*

228. — Portrait d'une jeune fille au corsage décolleté avec une rose dans les cheveux.

    Coll. Bon de Schlichting.   M. ov. signée *Hall.*

229. — Portrait de dame inconnue ?

    Coll. de M. P.   M. sur une boîte ronde.

230. — Fleurs.

    Coll. de M. P.   M. en fixé.

231. — (Attribué à) Portrait de femme de 1785 environ, dans la pose du portrait de Mme Sabran par Mme Vigée Lebrun.

    Coll. Doistau.   M. ov. sur boîte ronde.

232. — Portrait d'homme en costume rouge et perruque poudrée, vers 1790. Paul I, empereur de Russie.

    Coll. Doistau.   M. r.

233. — (Attribué à) Portrait d'une femme de 1790 environ, tête nue et portant un fichu. On voit dans le fond un petit buste d'homme.

    Coll. de M. Bernard Franck.   M. ov.

HEINSIUS (Jean-Ernest), fin du XVIIIe et comm. du XIXe.

    Miniaturiste allemand dont une bonne partie de la carrière se passa en France. Il venait de Weimar, et avait les qualités de son origine, de la probité, de l'activité, mais peu de brio. Il était peintre de Mesdames, filles de Louis XV. Il exposa en 1782 des portraits de la famille d'Espagnac au Salon de la Correspondance. Il avait peint le portrait du Chevalier Dagoty gravé par Lasinio (voir aux Gravures, *Dagoty.*)

234. — Portrait de Madame d'Aubusson, elle est représentée au bord de la mer.

    Coll. de M. P.   M. r.

234^a. — (Vers 1780.) Portrait d'une dame en corsage bleu.

    M. Alphonse Kann.   M. r.

235. — Portrait du général Commaire en l'an V. Non terminé.

M. r. ébauchée.

Coll. de M. Bern. Franck.

236. — (Attribué à). Portrait de Madame, comtesse de Provence, belle-sœur de Marie-Antoinette, vers 1788.

M. r.

Coll. Doistau.

237. — Portrait de dame en costume de 1785 environ. Son corsage largement ouvert laisse voir le sein.

M. ov.

Coll. Doistau.

238. — Portrait d'une jeune dame en buste, portant une abondante chevelure et un vêtement clair.

M. r.

Coll. A. Jubinal de St-Albin. Prêté par Mme Georges Duruy.

239. — Portrait de jeune femme coiffée d'un haut bonnet, avec bouquet de fleurs au corsage.

M. r.

Coll. Bon de Schlichting.

240. — (Attribué à). Portrait de Charles Lenormant de Tournehem.

M. r.

Coll. Doistau.

241. — Jupiter et Sémélé. (L'attribution à Sicardi paraîtrait plus plausible.)

M. r.

Coll. de M. P.

HOIN (Claude-Jean-Baptiste), 1750-1817.

Hoin bénéficie, comme Dumont et Mosnier, d'une popularité posthume qu'il doit aux sujets aimables traités par lui. C'était cependant un dijonnais convaincu, qui mourut en province, où il était né. Il était élève de Devosge et de Greuze, et exposa en 1782 et 1783. Il peignit en pastel, et lorsqu'on vit des miniatures de lui en 1779 au Salon de la Correspondance, on reconnut qu'il ne montrait « pas moins de talent dans ce nouveau genre que dans celui du pastel ». Hoin mourut conservateur du Musée de Dijon en 1817.

242. — Portrait de l'artiste par lui-même.

M. ov.

Coll. de M. P.

243. — (1787.) Portrait en buste de Mme Dugazon, dans son rôle de Nina ou la *folle par amour*.

M. ov.

(Voir aux Gravures, *Janinet*, 1787.)

Coll. Bon de Schlichting.

244. — (?) Portraits-médaillons de Mme de La Trémoille et de son fils, vers 1780, sur un fond de feuillage.

M. sur une boite.

Coll. de M. P.

245. — (Vers 1780.) Portrait d'une jeune femme en négligé du matin, seins découverts et cheveux ébouriffés, sur un fond de verdure.

M. signée *Hoin* sous le cadre.

Coll. Doistau.

246. — (Vers 1788.) Portrait d'une dame en coiffure haute avec bonnet juché, voile, et corsage décolleté. Mlle Contat de la Comédie-Française ?

Gouache r. sur une boîte.

M. Fitz-Henry.

247. — (1787.) Portrait d'une dame portant des roses dans ses cheveux.

M. r. signée *Hoin* 1787.

Coll. Bon de Schlichting.

248. — La jeune fille aux roses.

Elle court dans la campagne, un bras levé, et tenant de l'autre des roses dans son tablier.

Gouache.

M. Émile Deutsch de la Meurthe.

HOLLIER (Jean-François), -1845.

Jean-François Hollier était né à Chantilly, il devint peintre en miniature et exposa constamment de 1802 à 1831. Ses portraits eurent de la faveur ; ils étaient généralement de grandes dimensions sur ivoire. Hollier avait étudié chez David et chez Isabey. Il mourut en 1845.

249. — (1803.) Portrait présumé de Mlle Duchesnois dans un rôle d'homme. Mlle Duchesnois appartenait à la Comédie-Française et avait été représentée en Diane dans un rôle, par Hollier.

M. ov. réencadrée, signée *Hollier 1803*.

M. le Cte Allard du Chollet.

Nº 253
Portrait d'Isabey, par lui-même
(appartient à M. E. Taigny)

HOLMÈS (James), 1777-1860.

Un des miniaturistes les plus célèbres de l'École anglaise. Il fut d'abord apprenti en gravure puis il s'adonna à la miniature, et exposa de 1798 à 1849. Ses miniatures ont une couleur agréable et fine. Mais comme Ingres, Holmès était musicien et en tirait plus grande vanité que de son art de peintre.

250. — Portrait de femme dans un parc (vers 1815).

Coll. de M. P.
M. c. signée *Holmès*.

HONE (Horace), 1755-1825.

Fils du célèbre Nathaniel Hone, miniaturiste anglais, membre de la R. A. Horace, exposa, de 1772 à 1823, plus de 158 miniatures. Peintre du prince de Galles en 1795. Il habita longtemps avec son père.

251. — (1797.) Portrait d'un personnage anglais en cheveux poudrés et habit noir.

M. Alphonse Kann.
M. ov. signée *H. H. 1797*.

ISABEY (Jean-Baptiste), 1767-1855.

Isabey était de Lorraine, comme Augustin, comme Dumont, mais sa famille appartenait à la Franche-Comté. Il était né à Nancy en 1767, il était le cadet d'Augustin, de Dumont, de Guérin. Il avait trente ans de moins que Hall. Il débutait quand, sur le vu de boîtes décorées par lui, la reine le fit installer à Versailles. Il avait à peine vingt ans.

A partir de ce moment jusqu'à sa mort, en 1855, sous Napoléon III, Isabey vécut en bonne intelligence avec tous les régimes. Il était le portraitiste indispensable des Gouvernements, le metteur en scène des fêtes. Il se maria sous la Terreur avec Mlle de Salienne dont il fit plusieurs fois le portrait, entre autres dans « la barque » une composition célèbre. Il fut peintre attitré de Napoléon, des Alliés, de Louis XVIII et de Charles X. Il avait imaginé pour les portraits de dames une touche aérienne et diaphane, l'effigie *sous voiles* qui fit fureur partout en Europe sous l'Empire et la Restauration.

Isabey, élève de David, était un dessinateur impeccable, il soignait les mains, son coloris était clair. Il faisait des aquarelles plutôt que des miniatures. Il mourut l'année de l'Exposition universelle à Paris, en 1855. Une grande partie des œuvres qu'il avait conservées chez lui appartiennent aujourd'hui à Mme Rolle, qui a tout récemment offert au Cabinet des Estampes plusieurs albums des dessins originaux du maître.

252. — (1786-1791.) Un cadre contenant :

1° « Retour de la promenade de Mgr le Dauphin au vieux château de Meudon, en 1791. »

Dessin signé *Isabey 1791*.

2° Portrait d'Isabey à son arrivée à Paris. On lit : « J.-B. Isabey en 1786, à mon arrivée à Paris en 1786. » Il porte le chapeau adopté par Bonaparte plus tard.

Mme Rolle.

Dessin au crayon.

253. — (1812.) Portrait d'Isabey par lui-même ; il porte un vêtement bleu foncé à deux rangs de boutons dorés, un col élevé et une cravate blanche.

M. E. Taigny.

M. ov. signée *Isabey 1812*.

254. — (1841.) Portrait de J.-B. Isabey par lui-même.

Mme Rolle.

Aquarelle.

255. — Portrait présumé de Mme J.-B. Isabey, née Jeanne Laurice de Salienne. Vers 1799.

Mme Achille Fould.

M. sur boîte ronde signée *Isabey*.

256. — Portrait présumé de Mme Isabey. Cette miniature était donnée comme représentant Mlle Lange ou Mme Tallien.

M. r.

M. le Prince d'Essling.

257. — (1834.) Portrait d'Henri Isabey, fils d'Isabey et de sa seconde femme, née Eugénie Maistre.

Mme Rolle.

Aquarelle signée *J. Isabey 1834*.

258. — (après 1810.) Vue de la maison et du jardin occupés par J.-B. Isabey, rue des Trois-Frères, n° 7, aujourd'hui rue Grange-Bate-lière. Au premier plan, Mme Isabey.

Mme Rolle.

Gouache sur une boîte signée deux fois *Isabey*.

Cadre renfermant 5 boîtes et tabatières diverses :

259. — 1° Portrait d'homme vers 1793.

M. signée *Isabey*.

260. — 2° Portrait de Napoléon sur une tabatière.

M. signée *Isabey 1813*.

261. — 3° Portrait de Mme Isabey, mère de J.-B. Isabey, à l'époque de la venue d'Isabey à Paris.

M. signée *Isabey 1787*.

262. — 4° Portrait de Joséphine en grand costume impérial avec diadème. Buste.

M. signée *Isabey*.

5° Corvisart en 1819. Déjà mentionné ci-devant n° 129.

Émail signé *Duchesne 1819*.

Mme Rolle.

263. — Portrait de Mme la maréchale Lannes, duchesse de Montebello, dans la pose et le costume de l'aquarelle connue (voir n° 298).

Min. ov.

M. Alphonse Kann.

264. — (1789.) Portrait de Louis David, maître d'Isabey, représenté de profil.

Dessin signé *Isabey 1789*.

Mme Rolle.

265. — (Vers 1796.) Portrait d'une jeune femme dans un costume du Directoire, chapeau pointu et fichu aux épaules.

M. signée *Isabey*.

Coll. Doistau.

266. — (Vers 1797.) Portrait d'une femme en costume demi-oriental, avec écharpe sur le bras. Elle porte une main à son cœur.

M. signée *Isabey*.

Coll. Doistau.

267. — ? (Vers 1797.) Portrait d'une jeune femme représentée tête nue. Elle est vêtue d'une robe blanche très décolletée, et tient un voile envolé en arrière de la tête.

M. signée *Isabey*.

Coll. La Combe Boussinot, Angers.

268. — Portrait d'homme de l'époque révolutionnaire; il est peint dans une symphonie de bleus. Le gilet est jaune.

M. signée *Isabey*.

Coll. Doistau.

269. — (Vers 1797.) Portrait de Mme de Staël, en buste de face, les cheveux ébouriffés.

Dessin signé *J. Isabey*.

Mme Rolle.

270. — (Vers 1798.) Portrait d'un homme d'une trentaine d'années, le menton emprisonné dans sa cravate (J.-B. Isabey?).

Mme Rolle. M. signée *Isabey*.

271. — (1798-1800.) Portrait d'une femme anonyme.

Mme Rolle. M. signée *Isabey*.

272. — Bonaparte 1er consul, dans le costume de membre de l'Institut. Cette miniature sur une boîte tabatière a appartenu au maréchal Kellermann, duc de Valmy.

M. le Prince d'Essling. M. sur une boîte à pans coupés.

Napoléon à trois âges différents :

273. — 1° Premier consul en 1801. Donné par Bonaparte à M. Larrey, depuis baron, et par celui-ci à Clot-Bey.

M. c. signée *Isabey*.

274. — 2° Napoléon en buste en 1805.

M. ov.

275. — 3° Napoléon en 1815, sur une boîte à pans coupés.

M. ov.

Coll. de M. Bernard Franck.

276. — (1805.) Portrait du grand-duc de Bade en costume militaire, portant le grand cordon de la Légion d'honneur.

Mme Rolle. M. ov. signée *Isabey 1805*.

277. — Portrait d'Élisa Bonaparte, grande-duchesse de Toscane.

Mme Rolle. M. non terminée.

278. — (1808.) Projet esquisse d'une grande miniature représentant l'impératrice Joséphine dans un salon, près de sa psyché.

Mme Rolle. Dessin signé *Isabey 1808*.

279. — (Vers 1802.) Portrait de Pauline Bonaparte, princesse Borghèse. On lit à gauche de la tête : « Ce portrait n'est pas terminé. »

Mme Rolle. M. ov. non terminée et non signée.

N° 322
Portrait de femme vers 1804, par Jean-Antoine LAURENT

(appartient à M. le comte Allard du Chollet)

N° 320
Portrait de Mme Mazuel, par Jean-Antoine LAURENT

(appartient à M. le comte Allard du Chollet)

280. — (Vers 1811.) Portrait de Napoléon en costume de grenadier, d'après David.

M. ov. signée *Isabey*.

M. le Prince d'Essling.

Cadre contenant trois portraits :
281. — 1° Le roi de Rome.

M. r. signée *J. Isabey 1815*.

282. — 2° L'empereur Napoléon.

M. r. signée *Isabey*.

283. — 3° La reine Hortense.

M. signée *Isabey*.

Le portrait de l'Empereur sur un couvercle de tabatière a été remis à Isabey par Napoléon à Fontainebleau le jour des *Adieux*.

Mme Rolle.

284. — (Vers 1812.) Portrait de la reine Hortense d'un type inconnu, la représentant couronnée de violettes, à mi-corps, assise dans un parc. Ce portrait a été donné par la Reine à Mad. d'Epreville, grand'mère du possesseur actuel.

M. ov. sur une broche encadrée de perles.

Mme Henri de La Tour.

285. — (1812.) Portrait de l'impératrice Marie-Louise couronnée de fleurs.

Aquarelle m. signée *J. Isabey 1812*.

Mme Rolle.

286. — (1811.) Portrait du roi de Rome âgé de 15 jours, sous un casque et au milieu d'emblèmes allégoriques. On lit de la main d'Isabey : « 15 jours après la naissance du Roi de Rome l'Empereur me donna l'ordre d'en faire le portrait. » Sur le dessin, la date : Mars 1811. Et en marge : *1er portrait*.

Aquarelle signée *J. Isabey 1811*.

Mme Rolle.

287. — (Vers 1810.) Portrait de madame Letitia Bonaparte, née Ramolino, mère de Napoléon, en costume de ville, chapeau à plumes, et robe claire. Buste.

M. sur une boîte, signée *Isabey*.

Mme Rolle.

288. — Portrait de madame Letitia, mère de Napoléon, dans un bijou avec chaîne.

Coll. de M. Bernard Franck.

M. ov.

289. — Portrait de Lucien Bonaparte en habit civil.

Coll. de M. Bernard Franck.

M. ov.

290. — Portrait de Jérôme Napoléon, roi de Westphalie en costume militaire.

Coll. de M. Bernard Franck.

M. ov.

291. — Les enfants de Joachim Murat et de Caroline de Naples déjeunant sur l'herbe. Achille, l'aîné, donne la main à Louise ; Lucien est assis à terre en costume de velours rose, et trempe un biscuit dans un verre. L'aînée des filles, Letitia est à gauche.

M***.

Grande m. de 23 × 17 signée à droite *Isabey*.

292. — Portrait du général Leclerc, premier mari de Pauline Bonaparte, depuis princesse Borghèse. Au revers, des cheveux du général dans le médaillon.

M. le Prince d'Essling.

M. ov.

293. — (Vers 1810.) Portrait de Madame Noémi Worlé, veuve Grant, mariée à Talleyrand, prince de Bénévent. Ce portrait a été lithographié.

M. Frédéric Masson.

Aquarelle ov.

294. — Portrait de la grande-duchesse Stéphanie de Bade. Cette pièce fut donnée au comte de Beaumont, suivant une inscription gravée à l'intérieur de la tabatière.

Coll. Doistau.

M. ov. signée *Isabey*.

295. — (1812.) Portrait de la princesse Bagration.

Mme Rolle.

Aquarelle signée *Isabey à Vienne 1812 22 7bre*.

296. — Portrait d'Andoche Junot, duc d'Abrantès.

Coll. de M. Bernard Franck.

M. c.

MINIATURES ET GOUACHES

297. — Portrait de la duchesse d'Abrantès.

M. ov.

Coll. de M. P.

298. — Portrait de Madame la maréchale Lannes dans des voiles.

M. ov.

M. le Prince d'Essling.

299. — Portrait du général Moreau.

M. ov.

Coll. de M. Bernard Franck.

300. — Portrait esquissé de Talleyrand, prince de Bénévent.

Dessin ov.

M. le Prince d'Essling.

301. — (1815.) Portrait du roi Louis XVIII.

M. c. signée *J. Isabey 1815*.

Mme Rolle.

302. — (Vers 1800.) Portrait du chanteur Elleviou, de l'Opéra-Comique.

Grande m. c.

Mme Rolle.

303. — (1805 ?) Portrait du statuaire Houdon (l'une des plus remarquables miniatures d'Isabey).

M. signée *Isabey*.

Mme Rolle.

Cadre renfermant trois portraits à l'aquarelle :

304. — (Vers 1811.) 1° Le musicien Cherubini.

Signé *Isabey*.

305. — 2° Évariste Parny.

Signé *J. Isabey 1811*.

306. — 3° Arnault.

Signé *Isabey*.

Mme Rolle.

1812-1816. Cadre contenant trois portraits à l'aquarelle :

307. — 1° Désaugiers.

Signé *J. Isabey 1816*.

308. — 2° Népomucène Lemercier.

Signé *J. Isabey*.

309. — 3° Goetz.

Signé *J. Isabey à Vienne 1812, le 12 septembre.*

Mme Rolle.

310. — Cinq portraits des membres de la famille d'Osmond, dont quatre de dames « sous les voiles » et un officier royal, de l'époque de la Restauration.

Aquarelles signées et datées.

Mme Achille Fould.

311. — Portrait du peintre Jeaurat, d'après le tableau du Louvre.

M. c. par Mme *Isabey, née Eugénie Maistre.*

Mme Rolle.

JACQUES (Nicolas), 1780-1844.

Encore un Lorrain, né à Jarville près de Nancy, en 1780, mort en 1844. Il fut l'élève de David et d'Isabey, et acquit très vite une belle réputation. Il exposa de 1804 à 1840.

312. — Portrait de l'impératrice Marie-Louise.

M. signée *Jacques* sur une tabatière, boîte émaillée.

Coll. Doistau.

313. — (Vers 1805.) Portrait d'une jeune femme.

M. signée *Jacques.*

M. le Cte Mimerel.

KANZ (Charles-Chrétien), 1758, — après 1818.

Il était né à Plauen, en Saxe. Il peignit surtout l'émail, mais il exécuta aussi des miniatures dont quelques-unes figurèrent en 1780 au Salon de la Correspondance. Né en 1758, il mourut sous la Restauration.

314. — Portrait prétendu de Pauline, princesse Borghèse ?

Émail ov. dans un cadre à pans coupés.

Coll. Bon de Schlichting.

KLINGSTEDTT (Claude-Gustave), dit Clinchetet, 1657-1734.

Né à Riga, Klingstedtt, comme Lawreince et tant d'autres étrangers, était venu en France faire montre de ses talents libertins. Il peignait des sujets risqués sur des boîtes, à l'encre de Chine rehaussée de jaune. On le nomma le « Raphaël des Tabatières ». Né en 1657, il mourut âgé à Paris, dans la misère.

N° 360
Portrait du peintre Natoire, par Jean-Baptiste MASSÉ
(appartient à M. E. Taigny)

315. — Léda et le cygne d'après Julio Pippi.

Grisaille teintée, ov. en largeur.

Coll. Bon de Schlichting.

LABILLE-GUIARD (Adélaïde) devenue Mme Vincent, 1749-1803.

Peintre miniaturiste de grand talent, née en 1749 à Paris, morte au Collège des Quatre Nations (Institut) en 1803. Elle épousa un sieur Guiard en 1769 d'où son double nom. Elle fut peintre de Mesdames, tantes de Louis XVI, puis divorça en 1793 pour épouser son maître en peinture, François-André Vincent, qui lui aussi avait fait quelques miniatures remarquables. Madame Labille avait un talent vigoureux en peinture, et ses miniatures sont rares.

316. — (Vers 1789.) Portrait de Madame Adélaïde, fille de Louis XV.

M. r. sur une boîte montée en or.

Coll. Bon de Schlichting.

LAGRÉNÉE (Anthelme-François), 1775-1832.

Lagrénée le fils était né à Paris en 1775, et avait été élève de Vincent. Son père fut Lagrénée l'aîné, directeur de l'École de Rome. Anthelme Lagrénée exposa de 1799 à 1831 et mourut à Paris, du choléra, en 1832.

317. — Portrait d'une femme ; elle porte une robe noire, une couronne de roses ; elle a les bras nus et est appuyée sur le dossier d'une chaise.

M. à pans coupés.

M. Alphonse Kann.

LAMPI.

318. — Portrait du comte Platon de Zouboff.

M. ov.

Coll. Bon de Schlichting.

LA TOUR (Anonyme d'après Maurice Quentin de).

319. Portrait de La Tour d'après le pastel exécuté par lui-même.

M. r.

M. Doistau.

LAURENT Jean-Antoine (1763-1832).

Un de ces artistes oubliés qui, ayant trouvé une situation officielle, se sont enterrés au loin. Laurent qui est pour nous un inconnu, que de rares amateurs avaient distingué, était l'un des plus habiles miniaturistes de la fin du XVIIIe siècle et du commencement du XIXe. Il avait débuté au Salon de 1792, et venait de Nancy, où il avait étudié chez Durand. Dans une critique du Salon de l'an X (vol. XII du *Mercure de France*), on le cite avec Dumont et Mme Davin parmi les bons miniaturistes de l'Exposition. Laurent devint conservateur du Musée de Baccarat ? et mourut en 1832 dans le complet oubli.

La manière de Laurent le rapproche d'Ingres, comme on pourra en juger par le portrait de Mme Mazuel ci-après. Il n'est point cité dans le *Guide* de Maze-Sencier.

320. — (Vers 1796.) Portrait de madame Mazuel, née Jeanne-Sophie du Plain de Sainte-Albine, fille de Joseph-Benoît du Plain, comte de Sainte-Albine, et de Catherine-Sophie Terrasse de La Sablière. Elle est assise dans un parc, elle porte une robe bleue à la grecque ; près d'elle une carafe et un verre.

M. le Cte Allard du Chollet. M. ov. en largeur signée *Laurent*.

321. — Portrait d'une jeune femme tenant un enfant qui joue avec le collier de sa mère. Ce collier est terminé par un cœur. On lit : « Mme de Montalembert et sa jeune fille. »

Coll. Doistau. M. r. signée *Laurent*.

322. — (Vers 1804.) Portrait d'une dame représentée à mi-corps dans son intérieur drapé à l'antique. Elle est en robe souple et légère sur un lit de repos du commencement de l'Empire. C'est la femme d'un officier d'ordonnance du général Rapp.

M. le Cte Allard du Chollet. M. r. signée *L. (Laurent)*.

323. — Portrait d'une dame dans un parc. Elle porte une robe blanche et une écharpe jaune. On voit la tête d'un chien sur ses genoux.

Coll. Doistau. M. r. signée *Laurent*.

324. — (1800.) Portrait d'une jeune dame en cheveux blonds, corsage blanc décolleté, écharpe de tulle bleu.

Coll. Doistau. M. r. signée *Laurent 1800*.

LAWREINCE (Nicolas Lanfransen dit) 1737-1807.

Né à Stockholm en 1737, ayant étudié en Suède et venu en France à 30 ans, Lawreince n'est pas un produit originaire de l'École française. On le devine à certaines faiblesses, à l'accent un peu outré de ses petites histoires lestes. La plupart de ses gouaches ont été gravées en couleur et en noir, et le catalogue de son œuvre a été dressé par M. Emmanuel Bocher. Il mourut en 1807 à Stockholm à un moment où son genre était tombé dans le plus complet discrédit (voir ci-après aux gravures, *Janinet*, *Vidal*, etc. qui ont gravé d'après lui).

325. — Portrait présumé de la comtesse du Barry. Elle est dans un paysage et porte un chapeau de paille à larges ailes couvert de plumes.

 Coll. Doistau.   M. ov.

326. — Portrait de Madame Dugazon dans le rôle de Babet.

 Mme Achille Fould.   M. r.

327. — Portrait de dame en corsage violet et rubans verts. Cheveux poudrés ; chapeau de paille à fleurs, roses au corsage.

 M. Alphonse Kann.   M. ov. sur boîte signée *Lavrince*.

328. — Jeune dame représentée dans un parc vers 1785.

 Coll. Doistau.   M. r.

329. — Portrait de dame dans un parc.

 Coll. de M. P.   M. r.

330. — Dame assise dans un parc : « Nina ou les ennuis de l'absence. »

 Coll. Doistau.   M. r. sur une boîte.

331. — Jeune femme assise devant un clavecin.

 Coll. Doistau.   M. r. sur boîte.

332. — Jeune femme à sa toilette intime. Connu sous le nom de « l'Indiscret ».

 Coll. Doistau.   M. r. sur une boîte.

333. — Cavalier et dame faisant de la musique. Connu sous le nom de l' « Accord parfait ».

 Coll. Doistau.   M. r. sur une boîte.

334. — (Attribué à). Portrait d'une famille (dont le père, officier, est chevalier du Saint-Esprit) avec la mère et deux jeunes enfants.

M. c.

Coll. de M. Bernard Franck.

335. — La marchande à la toilette.

Gouache sur papier, gravée par Vidal.

Coll. Fenaille.

336. — Le déjeuner en tête à tête. Pièce gravée par Janinet.

Gouache signée *Lawreince.*

Coll. Bon de Schlichting.

337. — Le serin chéri ou le *joli petit serin*.

Gouache sur papier (gravée par Mixelle en couleurs).
Gravée par Denargle. Vente Mülbacher.

Coll. Fenaille.

338. — Jamais d'accord !

Gouache sur papier, gravée par Denargle. Vente Mülbacher.

Coll. Fenaille.

339. — L'École de danse.

Gouache sur papier.

Gravée par Dequevauviller. Cette gouache provient de la vente Mülbacher. Elle avait d'abord appartenu à M. Joffret dans le XVIIIe siècle. De même grandeur que la gravure.

Coll. Fenaille.

340. — La partie de parc.

Gouache r. sur une boîte en écaille piquée d'or.

Coll. Bon de Schlichting.

341. — Une fête de village.

M. r.

Coll. de M. P.

LEMOINE (Jacques-Antoine-Marie), 1752-1824.

Peintre sur porcelaine et en miniature, Jacques Lemoine était né à Rouen en 1752, et mourut à Paris en 1824. Il avait étudié son art chez Quentin de La Tour. Il habitait rue Plâtrière et avait exposé en 1795. En 1796, il donnait un portrait de la « citoyenne Dugazon ».

N° 381
Portrait de Mlle Fercy, par Louis Lié-Perin
(appartient à M. J. de Richter)

N° 384
Portrait de Mme Lescot, par Lié-Perin
(appartient à M. de Richter)

Mais il y a confusion constante entre lui et Marie-Victoire Lemoine, née à Paris en 1754, et qui mourut en 1820. Celle-ci fit de nombreuses miniatures qu'elle signait *Lemoine*. Elle avait exposé en 1799 une femme à sa croisée qui n'est pas sans rappeler celle que nous montrons ici et qui est datée de 1787.

342. — (1793.) Portrait du pastelliste et dessinateur Lemoine, de Rouen, vu à mi-corps, par lui-même.

M. r. signée *Lemoine 1793*.

M. Gaston Le Breton.

343. — Portrait d'une dame portant un fichu retenu par une rose, et un large ruban dans les cheveux.

M. ov.

Coll. Bon de Schlichting.

344. — (1795.) Portrait d'un homme à cheveux blancs et gilet jaune.

M. r. signée *Lemoine 1795*.

M. Alphonse Kann.

345. — (1787.) Portrait d'une dame représentée à une fenêtre avec son fils et sa fille. Elle a le bras gauche sur l'épaule du jeune garçon. On a cru longtemps que c'était là Marie-Antoinette et ses enfants, ce qui n'est sûrement pas.

M. c. signée *Lemoine 1787*.

Coll. Doistau.

LEMORT.

On n'a trouvé aucun renseignement sur cet artiste, autres que ceux-ci. Il exposa au Salon de la Correspondance, en 1787, un portrait du Mis de Condorcet qui fut gravé par Saint-Aubin. C'était donc alors un artiste apprécié, mais on n'en sait rien de plus.

346. —(1789.) Portrait présumé de Madame Royale, fille de Louis XVI.

M. r. signée *Lemort 1789*.

Coll. Doistau.

LEPRINCE (d'après?).

347. — Une halte à l'hôtellerie.

Gouache r. sur un fond de boîte.

Mme de B.

348. — Halte de cavaliers.

Gouache r. sur un couvercle de boîte.

Mme de B.

LE TELLIER (N.) 1755 ?—?

Le Tellier était surtout peintre en émail ; il apparaît dès 1777, et habite alors le quai Conti ; l'*Almanach historique* le cite parmi les peintres de ce genre. Il exécutait alors des portraits de Marie-Antoinette pour Drais et Gaillard, orfèvres, qui les montaient sur des boîtes. On lui payait 15 louis l'original et 10 louis les autres copies, soit 360 francs et 240 francs. Il habitait en 1793, 8, rue de Cléry. Il exposa en 1793 et 1812. Son talent était vigoureux et assez habile. Il était l'un des amis d'Augustin.

349. — (Vers 1790.) Portrait d'une jeune femme avec une haute coiffure ornée de roses ; elle porte un corsage décolleté et un fichu menteur. Elle est assise au milieu d'une forêt. Provient d'Augustin.

Gouache r. sur papier signée à droite *Le Tellier*.

Hérit. Augustin.

350. — (1775.) Scène d'un théâtre de société à l'hôtel d'Aiguillon, où l'on voit le futur duc d'Aiguillon en Crispin, la marquise de Chabrillan née Richelieu-Aiguillon, la duchesse de Mazarin, et Mme de la Musanchère dans divers rôles. Au fond, un suisse qui est M. Posamau, secrétaire du duc d'Aiguillon.

M. rect.

M. le Cte A. de Chabrillan.

LEVITZKY (Dmitri Grigorevitch), 1735-1822.

Fils d'un graveur de la Petite Russie, élève, pour la peinture, d'Alexis Antropov, et de Lagrénée (établi en Russie en 1754). C'est lui qui fit le célèbre portrait de Diderot, alors venu en Russie et qui est à la Bibliothèque de Genève. Il fut agréé par l'impératrice Catherine, comme peintre de l'Institut Smolny, créé par elle, et c'est de ce temps (1775) que doit dater l'œuvre ici exposée, exécutée d'après le portrait officiel de l'Impératrice.

351. — Portrait de l'impératrice Catherine II, sous un portique ; en arrière d'elle, un port. Le tableau original est à l'Ermitage.

M. c.

Coll. Bon de Schlichting.

LEWIS (Vers 1780).

352. — Portrait de jeune femme de 1780 environ, portant une haute coiffure et un corsage jaune.

M. ov. dans un médaillon en pierreries.

Coll. de M. Bernard Franck.

LONGHI (École vénitienne).

353. — Portrait d'une dame coiffée d'un bonnet papillon, assise devant sa toilette et tenant un chien.

M. c.

Coll. Bon de Schlichting.

LUSSE (DE).

Miniaturiste du Palais Royal, dont on connaît quelques pièces non sans valeur. Un portrait d'homme est dans la collection du Cte Mimerel. Il travaillait aux approches de la Révolution.

354. — (Vers 1793.) Portrait de deux jeunes femmes dont l'une porte un bonnet. Elles sont enlacées pour danser.

M. r. sur boîte signée *de Lusse pinxit*.

M. Fitz-Henry.

MALLET (JEAN-BAPTISTE, 1759-1835).

Né à Grasse, le pays de Fragonard, en 1759; il étudia d'abord à Toulon, chez Julien. Il fut un peu un continuateur du xviiie siècle sous la Révolution, une sorte de Boilly plus maigre, un Prudho étroit. Il exposa dès 1800. Il fut médaillé en 1812 et 1817. Sous la Révolution, il exécuta des gouaches qui rappellent Debucourt. La *sonnette*, d'après lui, a été mise en couleurs par Guyot (voir aux graveurs, *Guyot*).

355 et 355^a. — La visite, et le Billet doux. Deux pièces en pendant.

Gouache.

M***.

356. — La Toilette.

Gouache.

Colonel de La Villestreux.

357. — La visite.

Gouache.

Colonel de La Villestreux.

358. — Le Baiser.

Gouache.

Colonel de La Villestreux.

MANSION (J.), peintre de la manufacture de Sèvres, sous la Restauration.

359. — Portrait de la duchesse de Bourbon Condé.

M. r.

Coll. de M. P.

MASSÉ (Jean-Baptiste), 1687-1767.

Peintre et graveur, fils de Jacob Massé, orfèvre protestant de Châteaudun, et de Susanne Lance. Massé fut reçu de l'Académie en dépit de sa religion, par autorisation du Régent. Il fut le continuateur des Du Guernier et des Bernard, et par son talent le prédécesseur et l'initiateur du célèbre Hall. Il se donna surtout à la miniature et à la gouache. Il grava aussi avec talent, comme le prouve son portrait de Noël Coypel. Il mourut en 1767, âgé de 80 ans. Massé fut un des artistes les plus célèbres du XVIIIe siècle, le trait d'union entre les anciens et les miniaturistes du XVIIIe siècle.

360. — (Vers 1750.) Portrait du peintre Charles-Joseph Natoire ? membre de l'Académie royale en 1734, directeur de l'Académie de France à Rome, mort en 1777.

M. Ed. Taigny.

M. sur vélin.

MOREAU (Louis) dit Moreau l'Aîné, 1740-1806.

361[a]. — Dessin représentant un parc dans lequel on aperçoit une auberge, une fontaine antique, un pavillon, et une bâtisse normande dans le goût des jardins des financiers du XVIII[e] siècle. Sur le premier plan, un vieux seigneur jouant du violon en la compagnie d'une jeune femme (Dauberval et la Guimard ?).

M. le Cte Allard du Chollet.

Aquarelle gouachée.

361[b]. — Les baigneuses ou le bain.

Colonel de La Villestreux.

Gouache.

362. — Gouache représentant le feu d'artifice sur la place Louis XV, le jour du mariage du dauphin Louis XVI, avant la catastrophe de ce jour.

Coll. Doistau.

Boîte r. Gouache.

363. — Paysage du genre historique.

Mme Fritsch Estrangin.

Gouache en largeur.

MOREAU-LE-JEUNE (J.-M.), 1741-1814.

364. — Portrait d'une dame âgée, tête nue, tournée à gauche dans un médaillon rond. Portrait présumé de Mme Moreau, née Pineau.

Dessin à la pierre noire rehaussé de sanguine, signé *J.-M. Moreau le j[e] ann* ..
Coll. de M. H. Delaroche-Vernet.

N° 454
Portrait de l'acteur Michu, par Vestier
(appartient à M. Fitz-Henry)

N° 416
Portrait de femme, 1788, par M. Rouvier
(appartient à Mme de Saint-Martin Valogne)

MOSNIER (Jean-Laurent), 1746-1795.

Ce miniaturiste très habile et aujourd'hui recherché à l'égal d'Augustin ou de Dumont, est leur aîné de plusieurs années. On le cite dès 1776. Il habitait alors rue du Petit-Bourbon, et il avait, cette année même, exécuté un portrait de Marie-Antoinette dont il ne fut payé que longtemps après. Membre de l'Académie le 31 mai 1788, il est le Roslin de la miniature ; ses étoffes traitées à la gouache ont un brillant et un fini du meilleur goût. Ses miniatures sont fort rares aujourd'hui et très disputées. Il était né à Paris en 1746, et mourut en 1795.

365. — (Vers 1781.) Portrait de Marie-Paule-Angélique d'Albert de Luynes, duchesse de Chaulnes. Elle est assise devant sa toilette. Elle mourut le 17 novembre 1781.

M. r.

Coll. Doistau.

366. — (1781.) Portrait de Mme de Fitz-James à sa toilette, en grand costume, dans la pose de celui de la duchesse de Chaulnes.

M. r. signée *Mosnier 1781*.

Coll. Bon de Schlichting.

367. — Portrait de femme écrivant, 1778.

M. r.

Coll. de M. P.

368. — Portrait d'une dame assise sur un canapé. Elle tient un livre dont elle tourne les feuillets, et porte un chapeau. Vers 1780.

M. sur boîte ronde.

Coll. Doistau.

369. — Portrait de femme, en robe violette, avec fichu et nœud vert ; cheveux gris et corsage décolleté.

M. r. sur boîte signée *Mosnier 1782*.

M. Alphonse Kann.

370. — Portrait de femme, mi-corps, robe de satin blanc, cheveux poudrés, chapeau de paille à rubans bleus, bouquet à la main.

M. r. signée *Mosnier 1783*.

M. Alphonse Kann.

371. — Portrait d'un homme en costume de 1784.

M. ov. signée et datée *Mosnier 1784*.

Coll. Doistau.

Exposition du XVIIIe siècle.

372. — (1686.) Portrait d'une dame en buste, robe bleue décolletée et cheveux poudrés.

M. Alphonse Kann.

M. r. signée *Mosnier 1786*.

373. — (1784). Portrait d'une dame en corsage bleu clair avec fleurs dans les cheveux.

M. Alphonse Kann.

M. ov. sur boîte signée *Mosnier 1788*.

374. — Portrait de dame à cheveux poudrés, chapeau plat garni de plumes bleues, corsage bleu et décolleté.

M. Alphonse Kann.

M. r. sur boîte.

375. — Portrait d'une jeune femme assise devant un métier à tapisserie, robe blanche décolletée et bras nus. Un bouquet de fleurs sur un guéridon.

M. Alphonse Kann.

M. r.

MOUCHET (François-Nicolas), vers 1750-1814.

Mouchet était né à Gray, d'où il était venu étudier à l'atelier de Greuze. Il remporta le 1er prix à l'Académie de peinture en 1776. Obligé de vivre il se mit à la miniature. Mordu par la politique il devint membre de la Municipalité de Paris, puis juge de paix ! Envoyé en 1792 en Belgique en qualité de commissaire pour le choix des objets d'art destinés a nos collections, Mouchet fut jeté la Force en 1794 comme suspect. C'est dans cette prison qu'il exécuta le portrait exposé par nous. Libéré il retourna à Gray et fonda là-bas une école de dessin à ses frais. Il mourut à Gray en 1814. (Voir aux Gravures, *Les Chagrins de l'enfance* par Lecœur.)

376. — (1794.) Portrait de l'artiste par lui-même, représenté en manteau et portant un chapeau haut de forme.

Coll. Doistau.

M. r. signée sur le manteau : *Mouchet à la Force*.

NOIRETERRE (Mlle de), après 1803.

Il est toujours difficile de connaître les dates précises des dames artistes. Mlle de Noireterre ne les a laissées nulle part. C'était un miniaturiste d'un très grand talent, peintre de l'Académie des arts de Londres. Elle exposa au Salon de la Correspondance en 1786, le portrait de la fille Salmon héroïne du procès de Rouen et du *bon avocat* M. Lacauchois. Elle exposa en 1787 le portrait du « brave » Lucot. « On a pu juger ce portrait d'après nature, il a été trouvé aussi ressemblant que « bien fait. » On cite encore Mlle de Noireterre en 1791 et en 1803. Elle habitait 25, rue Mazarine.

376ª. — Portrait de l'artiste par elle-même.

                   M.

 M. Manzi.

377. — Portrait d'une fillette.

                   M. r.

 Coll. de M. P.

378. — (1787.) Portrait d'un bourgeois en habit noir et perruque poudrée (Ducray-Duminil, professeur de musique).

            M. r. signée *de Noireterre 1787*.

 Coll. Doistau.

OLIVIER (M. B.), 1712-1784.

379. — Le portrait. Scène champêtre.

                 Gouache.

 M. A. Boucher, statuaire.

PEREZ.

380. — (Vers 1795.) Portrait d'un homme portant un habit gris à revers violets, un gilet rouge et un chapeau haut de forme.

               M. r. signée *Perez*.

 Mᵐᵉ de B.

PÉRIN (Louis-Lié), 1753-1817.

 Périn était né à Reims en 1753, il fut de la pléiade brillante des miniaturistes de la fin du XVIIIᵉ siècle. Il vint en 1778 à Paris et fut élève de Lemonnier. Il dut faire des miniatures pour vivre et prit des leçons de Sicardi à 24 livres le cachet. Il reproduisit divers portraits du Chevalier Roslin.

 Ruiné par les assignats en 1799 il alla à Reims et reprit le commerce paternel, la fabrication des laines. Il continua cependant à peindre.

 Une vente de la succession de L.-L. Périn eut lieu à Écouen en 1891. Plusieurs des miniatures exposées par nous proviennent de cette source.

381. — (Vers 1790.) Portrait de Mˡˡᵉ Férey, fille du capitaine des grenadiers pensionnaires du Roi, et sœur du général de division baron Férey, tué à la bataille des Arapiles, dont le nom est inscrit sur l'arc de Triomphe. Elle mourut fille.

               M. r. signée *L. Périn*.

 M. J. de Richter.

382. — (Vers 1790.) Portrait d'une dame assise au milieu d'un buisson de roses.

M. le Cte Mimerel. M. r. sur boîte signée *Périn*.

383. — Miniature représentant une dame en négligé dans un parc. On lit sur une note : « Portrait de Madame Ténière née Abraham de Course, « sœur de M. Alexandre Roslin. Succession de Mme Roslin descendante « du peintre chevalier (*sic*) Roslin. Vente après décès. Écouen 1890. »

Coll. Doistau. Sur une boîte ronde.

384. — (1792.) Portrait de madame Lescot, mère de madame Haudebourg-Lescot artiste peintre. Elle porte un fichu blanc, un bonnet blanc avec un ruban bleu.

M. J. de Richter. M. r. signée *L. Périn 1792*.

385. — Portrait prétendu de Charlotte Corday.

Coll. de M. P. M. ov. sur une boîte.

386. — Portrait de Madame de Longpré.

Mme Achille Fould. M. signée *Périn 1786*.
(Voir listes inédites d'Augustin, n° 137.)

387. — Portrait d'une dame en costume de 1780 environ. Elle porte un enfant dans ses bras, et est assise sur un banc de jardin.

Coll. Doistau. M. r. signée *Périn*.

388. — Portrait de dame dans un parc. Elle porte un fichu et a les avant-bras nus.

Coll. Doistau. M. r. signée *Périn*.

389. — Portrait d'un homme poudré, portant un habit brun, un gilet blanc et une cravate blanche.

M. Alphonse Kann. M. r. sur boîte.

390. — (1790.) Portrait du chancelier Maupeou en costume de chancelier.

M. Fitz-Henry. M. ov. sur boîte.

N° 427
Portrait d'homme, vers 1786, par Luc SICARDI
(appartient à M. F. Taigny)

N° 430
Portraits de Benoît Boulouvard et de Françoise du Plain de Sainte-Albine,
par Luc SICARDI
(appartient à M. le comte Allard du Chollet)

391. — (Vers 1795.) Portrait d'homme en habit foncé et revers de gilet jaune.

M. le Cte Mimerel.   M. r. sur boîte signée *Périn*.

392. — (Vers 1798.) Portrait d'homme.

M. Verdé Delisle.   M. ov. signée *Périn*.

393. — Portrait de dame portant une coiffure poudrée, de 1790 environ, et un fichu jaunâtre.

Coll. Doistau.   M. r. sur une boîte.

394. — (Vers 1800.) Portrait d'homme inconnu.

M. le Cte Mimerel.   M. r. sur boîte signée *Périn*.

PINET?

Artiste inconnu.

395. — (Vers 1800.) Portrait d'une dame en corsage rouge, portant les cheveux poudrés à la mode du Directoire.

M. le Cte Mimerel.   M. signée *Pinet*.

PLIMER (ANDREW), 1763-1837.

Miniaturiste anglais né à Wellington en 1765, mort à Brighton en 1837. Il exposa de 1786 à 1830, et appartint à la Royal Academy.

396. — (Vers 1795.) Portrait d'un officier de l'armée anglaise.

M. le Cte Mimerel.   M. ov. signée *Plymer*.

397. — Portrait d'un officier anglais à plastron ouvert bleu clair. Il a la tête nue.

Coll. de M. Viennot.   M. ov.

PRUDHON (P. P.), 1758-1823.

Prudhon n'était point un miniaturiste, il savait peindre des miniatures comme tous ses confrères, mais il en a fait très peu. La pièce que nous exposons est très célèbre ; elle s'auréole d'une légende « de sensibilité », que la fin dramatique de Mlle Mayer a rendue officielle.

398. — Portrait de Mlle Constance Mayer, peintre, élève de Prudhon et son amie.

M.

Coll. Eudoxe Marcille. Prêtée par Mme H. J.

PUYOL DE GARAN.

399. — (Vers 1793.) Portrait d'une tricoteuse de 1793.

M. r. signée *Puyol de Garan*.

M. Ch. du Bousquet.

QUAGLIA (FERDINAND), 1780-1825.

Cet artiste était né à Plaisance en Italie. Il vint s'établir à Paris en 1805 et bien que son art un peu sec et rappelant la porcelaine ne fût guère dans le goût français, il obtint la protection de Joséphine Beauharnais. Il fit le portrait de tous les personnages de la Cour, et exposa de 1808 à 1814. Il habita rue Feydeau et rue de Harlay.

400. — Portrait du prince Borghèse, deuxième mari de Pauline Bonaparte, en grand costume de prince français. En pied.

Grande m. rect.

Coll. de M. Bernard Franck.

RABILLON, vers 1745-après 1810?

Nous avons vainement cherché des renseignements biographiques sur Rabillon. Tout ce que nous avons pu découvrir, c'est qu'il peignit en miniature vers 1761 le portrait de Louis de Labruyère de Jarente, évêque d'Orléans, dont la chronique scandaleuse s'égaya fort, et qui figure ci-après dans une miniature anonyme contre la danseuse Guimard. Ce portrait fut gravé par Moreau le jeune et Voyez l'aîné en 1771, ce qui montre sa qualité. Rabillon était peintre, membre de l'Académie de Saint-Luc. Son fils? P. P. Rabillon exposait en 1799 et 1810.

401. — (1785.) Portrait d'une dame dans son intérieur ; elle est assise et tient un livre.

M. r. signée *Rabillon 1785*.

Coll. Doistau.

REYNOLDS (SIR JOSHUA).

Nous n'avons point la prétention de revendiquer le glorieux maître anglais comme miniaturiste ; mais il est certain qu'il essaya un peu de tous les procédés. A ce compte, la pièce que nous exposons sera une révélation car elle est exécutée dans une technique qui ne lui était pas habituelle.

402. — Portrait d'Ann Montgomery, marquise de Townshend, debout dans un paysage. Elle est vêtue d'une robe blanche avec ceinture rouge.

Gouache.

M. Louis Cahen d'Anvers.

RIBOU (Vers 1770-80).

403. — Portrait d'une dame en costume de 1775, portant une coiffure à la Vergy.

M. r. sur une boîte dite « à la cage » avec ornements faits avec les cheveux de la personne représentée, signée *Ribou*.

Coll. Doistau.

RITT.

Cet artiste, qui devait être d'une certaine valeur puisqu'il a concouru avec David pour le premier prix de peinture, n'est connu que par la lettre qu'il publia dans les *Affiches* contre la décision du jury attribuant le prix à Louis David. Il déplore l'intrusion de la politique dans les jugements de ce jury. Il affirme que le prix a été donné « au démocrate » contre les autres (1792). On ne sait rien d'autre sur lui. Il ne doit pas être le même que Ritt miniaturiste russe, membre de l'Académie de Saint-Pétersbourg, qui mourut en 1799.

404. — Portrait de Lord Torton et de sa fille.

M. r.

Coll. de M. P.

405. — Portrait d'une dame tenant un enfant sur ses genoux, et assise sur un banc de jardin. Vers 1790.

M. r. signée *Ritt*.

Coll. Doistau.

RITT, peintre russe.

406. — Portrait de femme en buste, cheveux poudrés, corsage vert et rose, fichu de mousseline (serait plutôt de Lawreince).

M. r.

M. Alphonse Kann.

407. — Portrait d'homme d'un certain âge, tête nue.

M. r.

Coll. Bon de Schlichting.

ROCHER.

Miniaturiste français travaillant à Paris vers 1770-1790 et sur lequel on n'a aucun renseignement.

408. — (1778.) Portrait d'un homme d'une cinquantaine d'années, portant un habit bleu et une perruque poudrée.

M. Jean Borderel.

M. ov. signée *Rocher 1778.*

ROLAND (JACQUES-FRANÇOIS-JOSEPH), 1757-1804.

Né à Lille, Jacques-François Roland mourut jeune. Son frère, membre de l'Institut, avait marié sa fille à Lucas de Montigny. Il était peintre, mais la miniature était un passe-temps pour les artistes d'alors, et nul doute qu'il ne s'y soit adonné comme ses confrères.

409. — (1798.) Portrait du peintre J.-F.-J. Roland, frère du sculpteur Roland, membre de l'Institut. C'est probablement une réduction de son portrait qui figura au salon de 1798, et qui était de sa main.

M. Gabriel Marcel.

M. sur une boîte.

ROMANY (ADÈLE-ROMANCE, Mme).

Cette miniaturiste, dont Hall nous a laissé un portrait que nous montrons ici, exposait entre 1793 et 1833. En 1833 elle donna son portrait avec ses deux enfants. Elle habitait à Paris, rue de Grammont, n° 23.

410. — Portrait d'une jeune fille, cheveux blonds, robe blanche et ceinture violette.

M. Alphonse Kann.

M. ov. signée *Romany.*

ROUVIER (M.), vers 1750-après 1815.

Rouvier qui habitait rue Croix-des-Petits-Champs, vis-à-vis de la rue Coquillière, « à la maison neuve », exposa des miniatures dès 1779 au Salon de la Correspondance de La Blancherie. En 1782 il avait fait un portrait de la princesse Massalka depuis mariée au prince de Ligne, et nièce de l'évêque de Wilna. La Blancherie vantait ses ouvrages en 1782. « Il joint à la ressemblance, disait-il, de la couleur et de l'agrément. » Ses œuvres sont rares et recherchées ; elles sont pleines de finesse et de distinction.

411. — (1782.) Portrait de Louis Marie du Lieu en costume d'heiduque.

Coll. Doistau.

M. ov. signée *M. Rouvier 1782.*

N° 475
Portrait du comte Joseph de la Tour du Pin, par H. Villiers
(appartient à M. le comte A. de Chabrillan)

N° 476
Portrait de la comtesse de la Tour du Pin, par H. Villiers.
(appartient à M. le comte A. de Chabrillan)

412. — (1780.) Portrait d'un homme en buste de 3/4 à droite; il a les cheveux gris, un habit bleu clair et un col ouvert.

M. r. sur une boîte signée *Rouvier 1780*.

M. Alphonse Kann.

413. — (1781.) Portrait de femme en corsage vert et cheveux poudrés, ornés de tulle.

M. r. signée *Rouvier 1781*.

M. Alphonse Kann.

414. — (1781.) Portrait de femme en buste, la poitrine découverte, les cheveux poudrés, et portant un corsage bleu clair.

M. r. signée *Rouvier 1781*.

M. Alphonse Kann.

415. — (1781.) Portrait d'homme en buste, de 3/4 à gauche, habit bleu et jabot; une rose à la boutonnière.

M. ov. signée *Rouvier 1781*.

M. Alphonse Kann.

416. — (1788.) Portrait d'une jeune dame coiffée à la Gabrielle de Vergy, en haute chevelure poudrée et petit « bonnet juché ». Elle porte un corsage décolleté et un fichu menteur. Mme Foacier née Soufflot.

M. r. signée *Rouvier 1781*.

Mme de Saint-Martin Valogne.

SAINT (Daniel), 1778-1847.

Né à Saint-Lô en 1778, Saint est de la génération qui suit Augustin, Dumont et Isabey. Il exposa des miniatures à partir de 1806. Sa grande réputation date de la Restauration. Il mourut en 1847.

Il fut élève de Regnault et habita successivement rue Mazarine, 22, et rue Neuve du Luxembourg, 4.

417. — Portrait de Mme Pajou.

M. ov.

Coll. de M. P.

418. — (Vers 1810.) Portrait de l'impératrice Joséphine en coiffure et corsage d'intérieur.

M. ov. signée *Saint*.

M. le Bon Pierlot.

419. — Portrait de l'impératrice Joséphine.

M. ov.

M. le Prince d'Essling.

420. — Portrait de Louis-Napoléon, roi de Hollande, en buste et en costume militaire.

M. ov. signée *Saint*.

Coll. de M. Bernard Franck.

SAMBAT (Jean-Baptiste), 1760?-1827.

Ce peintre miniaturiste fort médiocre ne doit de figurer ici qu'à une circonstance particulière. Il nous a laissé un cahier de notes où sont notés jour par jour les portraits faits par lui depuis son retour d'Angleterre, le 14 juillet 1790, jusqu'en 1817. Il fut l'ami de Fabre d'Églantine, et fit partie du clan d'artistes politiques de la suite de David. Aussi note-t-il précieusement tous les grands faits de l'époque révolutionnaire, et mentionne-t-il avec complaisance et colère les événements suivant qu'ils répondent ou non à ses opinions. Il avait conservé le calendrier révolutionnaire jusqu'en 1827, tout en faisant des portraits pour les gens de la Restauration. Sa fille Agiathis, née en 1798, était employée dès 1815 comme copiste chez le baron Gérard. Sambat, lyonnais d'origine, a exécuté un grand nombre de portraits des personnages de cette région. Le cahier de notes laissé par lui appartient à M. J.-J. Guiffrey, membre de l'Institut, administrateur des Gobelins.

421. — (1817.) Portrait de Madame Pécoul de la Martinique représentée par Sambat dans un paysage avec sa négresse Henriette qui lui offre des fleurs. La mention de ce portrait est dans le cahier de notes. (On expose le cahier à côté.)

M. r.

M. Auguste Pécoul.

SAVIGNAC (Lioux de).

Miniaturiste dans le genre de Van Blarenberghe mais infiniment moins recherché. Travaillait à la fin du XVIIIe s.

422. — Cascade de Tivoli.

M. r.

Coll. de M. P.

SENÉ travaillait entre 1776 et 1804.

On ne sait sur ce peintre que deux choses. Il figura à l'Exposition du Colysée en 1776 (ce qui en fait un contemporain de la pléïade), et au Salon de 1804. Une miniature représentant une femme en Vestale tenant un réchaud allumé, a été publiée par Foster (*Miniature-painters*, Londres, 1903. Tome II, pl. CXI). Il habitait en 1804, rue Neuve-St-Eustache, 38.

423. — (1780.) Femme en grand chapeau, tenant un violon devant un pupitre d'orchestre.

M. r. signée *Sené*.

Coll. Doistau.

SERGENT (Antoine), dit Sergent-Marceau.

(Voir la notice aux Graveurs français.)

424. — Portrait du général Marceau, beau-frère du peintre Sergent. Marceau a la tête nue. Au revers du portrait un billet de visite avec le nom de M. et Madame Sergent.

M. r.

Coll. de M. Bernard Franck.

SICARD, dit Sicardi (Luc), 1746-1825.

Sicardi est un des meilleurs miniaturistes du temps de Louis XVI et de la Révolution. Né à Avignon en 1746 il avait été reçu de l'Académie de Bordeaux en 1771. Puis on le vit attaché au Ministère des affaires étrangères pour les cadeaux diplomatiques. Il exécutait surtout les portraits du Roi, de la Reine et des princes, destinés aux boîtes de dons. Ordinairement ces boîtes étaient ciselées par Solle. En 1781, 1783, 1784, il fournit les miniatures de diverses boîtes, il recevait 300 livres pour chacune.

Sicardi est d'une précision et d'un fini extrêmes. Il pointille les chairs, et il dessine délicatement les moindres détails. Plusieurs estampes ont été gravées d'après lui sous la Révolution. Il mourut en 1825.

425. — Portrait de Louis XVI d'après Duplessis. Destiné à une boîte de don.

M. signée *Sicardi 1788*.

Coll. Bon de Schlichting.

426. — Portrait de la reine Marie-Antoinette. Destiné à un don. Par Campana ?

M. r. sur une boîte.

Coll. de M. P.

427. — 1789. Portrait d'homme en habit bleu.

M. r. signée *Sicardi 1789*.

M. Ed. Taigny.

428. — (1785.) Portrait de Mlle Sicardi.

M. r. signée *Sicardi 1785*.

Coll. Bon de Schlichting.

429. — (1789.) Portrait de Pajou, provenant de sa famille. On lit au revers d'une écriture du temps : « Augustin Pajou, sculpteur du Roi « et citoyen de la ville de Paris, peint par M. Sicard en 1789 année « de la Constitution. »

M. r. signée *Sicardi 1789*.

M. Gaston Le Breton.

430. — (1796.) Portraits de Benoît Boulouvard (1781-1803), fils de Pierre Boulouvard, directeur des Consulats au ministère des relations extérieures (1795) et de Jeanne Rose Allier de Hauteroche.

Françoise du Plain de St-Albine, fille de Jean-Baptiste du Plain de St-Albine, conseiller du Roi et son maître d'hôtel, guillotiné en 1794, et de Marie Allier de Hauteroche.

Ces enfants cousin et cousine sont représentés après l'adoption de la petite Françoise par les Boulouvard. Elle devint Mise de Pastour de Costebelle.

M. r. signée *Sicardi 1796*.

M. le Cte Allard du Chollet.

431. — Portrait de Jean-François Carrier.

M. r. esquissée et signée *Sicardi 1816*.

M. Alphonse Kann.

432. — (Vers 1780.) Portrait de dame habillée de blanc et coiffée d'un grand chapeau. Elle porte un fichu menteur sur le sein.

M. r.

Coll. Doistau.

433. — (1786.) Portrait d'homme portant un habit galonné.

M. ov. signée *Sicardi 1886*.

Coll. Doistau.

434. — (Vers 1790.) Portrait de dame en négligé du matin avec chapeau de paille dans un parc.

M. r.

Coll. Doistau.

435. — Portrait de jeune fille avec un ruban dans les cheveux.

M. ov.

Coll. Bon de Schlichting.

436. — Portrait de jeune fille.

M. ov.

Coll. de M. P.

N° 334
Médaillon attribué à Nicolas LAWREINCE
(appartient à M. Bernard Franck)

SINGRY (J.-B.).

Élève d'Isabey qui débuta au Salon en 1806 et se fit une spécialité de portraits d'acteurs et d'actrices, Michelot, Alexandrine Saint-Aubin, la Catalani, Mlle Pauline, etc. Un très beau portrait de Dupaty, directeur de l'Opéra est chez M. le Cte Mimerel à Paris. Singry mourut en 1824. Il était né en 1782.

437. — (Vers 1815.) Portrait de dame dans un décor gothique. Ce portrait donné pour Mlle Contat n'est pas cette actrice.

M. ov. signée *Singry*.

Mme Guérard.

SOIRON (François), 1755-1813.

Émailliste né à Genève en 1755, qui vint s'établir à Paris vers la fin du XVIIIe siècle. Il exposa aux Salons de 1800 à 1810. Il mourut en 1813.

(Voir aux graveurs anglais *Soiron* F. P.) Il eut un fils également émailliste, qui habitait rue Joubert et exposait en 1800.

438. — Portrait de Madame la duchesse d'Orléans, femme de Philippe-Égalité, d'après Mme Vigée-Lebrun.

Émail carré.

Coll. de M. P.

439. — (Attribué à). Portrait de Catherine-Sophie Terrasse de la Sablière, femme de Joseph-Benoît du Plain, comte de Saint-Albine, conseiller, maître d'hôtel ordinaire du Roi.

Émail ov. non signé.

M. le Cte Allard du Chollet.

440. — ? Portrait de Dora Roland, fille de Mme Roland, en émail sur or.

Émail ov. pour un bijou.

M. le Cte Allard de Chollet.

TAUNAY (Nicolas-Antoine), 1830.

Il se nommait peintre de paysages historiques en 1825, mais il fut, dans le XVIIIe siècle, le sérieux rival de Debucourt. Il fut de l'Institut.

441. — La foire de village. Dessin ayant servi à la gravure de Descourtis.

Gouache signée.

Mme Achille Fould.

THIBOUST (Jean-Pierre), 1738-1818.

Émailleur et miniaturiste qui exposa aux Salons de 1798 à 1819 avec succès. Il est souvent cité dans les articles de journaux de ces époques. Il avait, comme Aubry, une spécialité de « Grandes miniatures », mais on rencontre assez rarement des pièces signées de son nom. Ses émaux sont très loin d'égaler ses miniatures. Il mourut après 1818.

442. — (Vers 1790.) Portrait d'un homme inconnu, de l'époque révolutionnaire.

M. Yves le Moyne.　　　　　　　　　　　　M. r. signée *Thiboust*.

THOÜESNY (1782).

Artiste sur lequel nous n'avons trouvé aucun renseignement. Son talent est assez ferme. Il rappelle Rouvier et s'inspire de Hall.

443. — (1782.) Portrait d'un jeune homme assis, de face, et la tête tournée à droite. Marc-René de Voyer.

M. Fitz-Henry.　　　　　　　M. r. sur une boîte signée *Thoüesny 1782*.

THOURON (Jacques), 1737-1790.

Né à Genève, Thouron, émailliste de talent, vint se fixer à Paris ; il prit une place prépondérante près de Weyler. La légende colportée pas un critique de l'Empire veut qu'il soit mort d'une injustice commise envers lui par le Cte d'Artois. Ses émaux ont un éclat et un fini rares, mais ils n'atteignent pas toujours à la valeur d'art de ceux de Hall, d'Augustin et d'autres. Il mourut en 1790.

444. — (Vers 1790.) Portrait d'une dame âgée, en robe bleue, assise devant un métier à broder.

M. Fitz-Henry.　　　　　　　　　　Émail sur boîte signé *Thouron*.

TOCQUÉ (Anonyme d'après).

445. — Portrait du Mis de Saint-Florentin vers 1765.

Coll. Doistau.　　　　　　　　　　　　M. r. sur boîte églomisée.

(Anonyme d'après).

446. — Portrait de Catherine II, impératrice de Russie

Coll. Bon de Schlichting.　　　　　　　　　　　　　　M. ov.

TOUZÉ (Jean), 1741-1809.

Peintre à la gouache, exposa au Salon de 1791.

447. — Le passage difficile.

Gouache.

M. le colonel de La Villestreux.

VAN BLARENBERGHE (Les). 1° Louis-Nicolas, 1716-1794. 2° Henri-Joseph, 1741-1826.

Il règne une confusion entre le père et le fils, provenant d'une fausse inscription sur les registres de la mairie en 1781-82. Mais les œuvres de ces deux hommes, père et fils, se confondent absolument. Le père mourut à Fontainebleau le 12 floréal an II; quant au fils, il mourut à Lille le 1er xbre 1826. Ils étaient originaires de Lille et exécutaient des gouaches admirables avec figures microscopiques.

448. — Grand paysage avec diverses scènes; un pêcheur, une laveuse étendant du linge; une femme allaitant un enfant devant une maison; deux paysans conduisant un âne. En arrière, un horizon très vaste et un ciel nuageux.

Gouache de 25 de haut sur 38 de large.

M. le Dr Thyssen.

449. — Un repas champêtre.

M. r.

Coll. de M. P.

450. — Une fête de village.

M. obl. sur une boîte.

Coll. de M. P.

VAN SPÄNDONCK (Gérard), 1746-1822, de l'Institut.

451. — Fleurs.

M. r.

Coll. de M. P.

VERNET (Carle), 1806.

452. — Le château de cartes. Enfants de la famille de Louis-Bonaparte?

M. signée *C. Vernet 1806.*

Coll. Bon de Schlichting.

VESTIER (Antoine),. 1740-1810.

Un des aînés de la pléiade. Né à Avallon en 1740, il chercha dans ses miniatures à parodier Mme Vigée et Roslin pour les étoffes. Mais il fut surtout peintre à l'huile. On le nomma académicien en 1786. Il avait exposé au Salon de la Correspondance deux miniatures de femmes qui offraient : « un talent décidé tant pour la couleur que pour l'exécution. » Vestier n'a pas les éclats de coloris de certains de ses confrères, mais il les égale par la science du dessin et la vérité des expressions. Il aime à coiffer ses modèles de rubans de satin brillants. Il mourut en 1810. Il était le beau-père de Dumont. Sa fille, Nicole Vestier, peintre en miniatures, avait épousé Dumont en 1789, un an après sa réception comme agréé à l'Académie.

Vestier était dit peintre en émail en 1773. Il avait épousé Marie-Anne Révérend, fille d'un peintre émailleur, en 1764. C'est d'elle que naquit Marie-Nicole en 1767 (voir Dumont).

453. — (1780.) « Portrait de Mlle Chon, belle-sœur de Mme Dubarry, peinte par Vestier, peintre du Roy » (Fanchon, devenue Mme de Fouga, conseillère de la comtesse Dubarry).

M. r.

Mme Guérard.

454. — (Vers 1782.) Portrait de l'acteur Michu de la Comédie-Italienne, jouant de la guitare.

M. ov.

M. Fitz Henry.

455. — Portrait présumé de la duchesse de Polignac.

M. ov. sur une boîte.

Coll. de M. P.

456. — Portrait de la baronne de Wenzel.

M. ov.

Coll. de M. P.

457. — (1784.) Portrait d'un homme d'une cinquantaine d'années en gilet jaune rayé et veste bleue.

M. r. signée *Vestier 1754*.

Coll. B{on} de Schlichting.

458. — Portrait de femme, la main droite sur une sphère, la gauche sur un livre.

M. r.

M. Alphonse Kann.

N° 398
Portrait de Mlle Constance Mayer, par P.-P. Prudhon
(Collection Eudoxe Marcille. Prêtée par Mme H. J.)

459. — Portrait de dame en robe violette. Ce portrait avait été offert à Louis Lié Périn miniaturiste ; il provient du petit-fils de ce dernier en 1891.

M. r.

Coll. Bon de Schlichting.

460. — Portrait de dame âgée, assise, portant un bonnet blanc, un corsage bleu clair ; elle tient une lettre à deux mains. A gauche une fenêtre à rideaux bleus. Mme Vestier ?

M. c.

M. Alphonse Kann.

461. — (1804.) Portrait d'une jeune dame en cheveux blonds et corsage gris décolleté. Les bras sont nus.

M. c. à pans coupés signée *Vestier 1804*.

M. Alphonse Kann.

462. — (D'après F. Boucher.) Hercule aux pieds d'Omphale.

M. r. signée *Vestier*.

Coll. Doistau.

463. — (Attribué à). Portrait de femme en costume de 1770 environ ; elle est coiffée d'un « papillon ».

M. ov. sur boîte ronde.

Coll. Doistau.

464. — (Attribué à). Vers 1786. Portrait de jeune femme représentée de face avec un ruban dans les cheveux.

M. r. sur une boîte.

Coll. Doistau.

465. — (Attribué à A.). Vers 1790. Portrait de femme sur une boîte d'écaille étoilée, de face, avec corsage décolleté. Cette pièce est l'une des plus fines et des plus spirituelles qui soient sorties du pinceau d'un miniaturiste.

M. ov.

Coll. de M. Bernard Franck.

466. — (Attribué à Antoine), 1790 ? Petit portrait représentant une jeune femme de 1790 environ, portant un fichu. Elle est dans un cadre d'attente.

M. ov.

Coll. de M. Bernard Franck.

Exposition du XVIIIe siècle.

VIGÉE LE BRUN (Mme Élisabeth-Louise), 1755-1842.

Madame Le Brun, ou suivant l'appellation consacrée, madame Vigée, a exécuté des miniatures, surtout dans la seconde partie de sa carrière, sous la Restauration. Elle le dit dans ses mémoires. Elle mourut en 1842. Madame Vigée est trop célèbre pour nécessiter une notice complète.

467. — Portrait de la princesse Potemski représentée dans un parc. Elle est assise, et croise ses mains sur son genou.

M. r.

M. Alphonse Kann.

468. — Portrait de Mlle de Bissy ou de Bussy enfant, dans un parterre de roses ; elle tient une colombe contre sa poitrine.

M. ov.

M. Arennes.

469. — (D'après Mme). Portrait de l'artiste vers 1795.

M. ov. sur boîte ronde.

Coll. Doistau.

VILLENEUVE (Claude-François-Henri Petit de), 1760-1824.

On a peine à croire que l'auteur de ce tableau pimpant exposé ici, soit l'auteur des caricatures publiées sous ce nom pendant la Révolution. Ce doit être Petit de Villeneuve qui exposa dès 1781.

470. — Composition montrant les Trois Grâces qui apportent un médaillon de femme à l'autel de l'Amour. Du côté opposé, Minerve présente le médaillon d'un homme. Dans le ciel, Vénus et le char du Soleil.

Fixé sur verre signé *D. Villeneuve 1786.*

M. Charles Béranger.

VILLERS (L. ?), travaillait en 1787-1804.

Ce peintre peu connu mais habile, habitait rue et Porte de Montmartre n° 545. Il exposa des miniatures aux Salons de 1793 et de 1804. Celles que nous exposons datent de 1787-91. Il avait une collection de tableaux contemporains, entre autres il possédait la « Foire en Franche-Comté » de Demarne.

471. — (1787.) Portrait présumé de la comtesse de Provence, en robe déshabillée bleue et fichu blanc.

M. r. signée *Villers 1787.*

Coll. Bon de Schlichting.

472. — (1787.) Portrait de dame assise sur un canapé et tenant un enfant.

M. r. signée *Villers 1787*.

Coll. Doistau.

473. — (1791.) Portrait d'homme en costume bleu et chapeau haut de forme.

M. r. signée *L. Villers 1791*.

Coll. Doistau.

VILLIERS (H.).

Ce peintre n'est point signalé dans les Salons, à moins qu'il ne faille deviner sous ce nom Mme Villiers, 'qui exposa en 1799. Le talent de cet artiste est d'une fermeté et d'une habileté un peu masculines pour permettre cette identification sans réserves.

474. ? — (1804.) Portrait d'un personnage à cheveux gris coupés sur le front, et portant une haute cravate blanche. Au revers, un fixé d'or représentant un autel de l'Amour.

M. en losange dans un encadrement de perles.

Mme d'Aubigny.

475. — (1802.) Portrait du comte Joseph de La Tour du Pin.

M. ov. signée *Villiers H. 1802*.

M. le Cte A. de Chabrillan.

476. — (1802.) Portrait de la comtesse de La Tour du Pin, née Hanache, en buste sur un fond de paysage.

M. ov. non signée.

M. le Cte A. de Chabrillan.

VILLON ? vers 1795.

477. — Portrait de dame vue de face et coiffée d'un chapeau à grandes plumes. Elle porte le costume de 1795 environ.

M. signée *Villon*.

Coll. Doistau.

VINCENT (Antoine-Paul).

Ce Vincent qui n'était pas allié des Vincent père et fils peintres, ni de Mme Vincent née Labille, habitait faubourg Montmartre, puis rue Grange-Batelière, 3. Il exposa de 1800 à 1804 des cadres de miniatures.

478. — Portrait de femme en buste, coiffure poudrée en boucles, corsage blanc et décolleté, écharpe jaune.

M. Alphonse Kann.

M. c. signée *Vincent*.

VINCENT (Adélaïde Labille-Guyard, Mme). Voyez LABILLE.

VIOLET (Pierre), 1749-1819.

Miniaturiste des rois Louis XV et Louis XVI, auteur d'un *Traité sur la miniature* fort estimé. Il avait une grande habileté de pratique et exécuta un portrait de la reine dans son déshabillé du matin. P. Violet émigra en Angleterre et connut Bartolozzi le graveur. Il mourut au commencement du xixe siècle (voir son portrait ci-devant, à *Bouilliard*, n° 65).

478ª. — Portrait de la reine Marie-Antoinette en peignoir, gravé depuis par Bartolozzi à Londres. Ce portrait avait été attribué à Sicardi, par erreur.

Coll. Doistau.

M. ov. sur boîte.

WELPER ou VELPER (J. Daniel), vers 1700-1789.

Welper était attaché aux dons du ministère des Affaires étrangères entre 1750 et 1770. Il fut professeur de dessin de Mesdames, filles de Louis XV. On payait 240 livres ses miniatures des cadeaux royaux.

479. — (1758.) Portrait de Mesdames, en costume travesti. A gauche, Mme Henriette en magicienne; au milieu, Mme Louise en Terpsichore; à droite, Mme Sophie en pèlerine.

Bon de Schlichting.

M. en ov. oblong, signé *Velper 1758*.

480. — Dame au bain. Elle est dévêtue, assise sous une grotte.

M. Alphonse Kann.

M. ov.

WEYLER (Jean-Baptiste), 1745-1791.

Émailliste né à Strasbourg en 1745 (ou environ), mort à Paris en 1791. Agréé 1775, académicien en 1779, on lui doit le bel émail-portrait de M. d'Angivilliers au Louvre, qui est son morceau de réception. Il faisait aussi de la miniature.

481. — Portrait de François de Troy, peintre, directeur de l'Académie de France à Rome (fait en 1787).

Bon de Schlichting.

Émail ov. signé *Weyler*.

N° 505
Portrait de Mirabeau, anonyme
(appartient à M. Gabriel Marcel)

N° 465
Portrait de Femme, attribué à Vessier
(appartient à M. Bernard F.)

482. — Portrait de Pierre le Grand (fait en 1787).

M. ov.

Bon de Schlichting.

ANONYME, vers 1740.

483. — Jeune dame coiffée d'un bonnet dit « Papillon » et faisant de la frivolité. Par Cazaubon ?

M. en carré oblong.

Coll. Doistau.

ANONYME, vers 1750.

484. — Miniature sur carte à jouer représentant une dame à mi-corps de face, portant une sorte de serre-tête et un corsage étroit. C'est Mme Truelle, femme de l'introducteur du coton, à Troyes, dans le XVIIIe s. Mme Truelle était alliée à Bailly, 1er maire de Paris.

M. c.

M. Barringer.

ANONYME, vers 1750.

485. — Portrait présumé de Mme de Montmorency ?

M. c.

Coll. Bon de Schlichting.

ANONYME, vers 1750.

486. — Portrait de Mme de Pompadour, en sa jeunesse, représentée dans un parc. Elle est assise sur un tertre, elle tient une couronne de la main gauche, de la droite elle flatte un chien.

M. r. dans un médaillon en joaillerie.

Coll. Doistau.

ANONYME, École allemande, vers 1760.

487. — Portrait de Charles de Lorraine, mari de l'impératrice Marie-Thérèse, père de Marie-Antoinette.

M. c.

Coll. Bon de Schlichting.

ANONYME, vers 1770.

488. — Le concert à trois. Charge contre Mlle Guimard la danseuse. Les personnages représentés sont :

Mlle Guimard jouant de la harpe, Mgr de Labruyère de Jarente jouant de la flûte; le prince de Soubise, en costume de capitaine des chasses, jouant du cor; le danseur Dauberval tenant une pochette [1] (voir ci-devant, *Louis Moreau*).

M. r.

Coll. Doistau.

ANONYME, vers 1760.

489. — Portrait de deux dames à leur toilette. L'une est assise et l'autre debout. Celle-ci tient un éventail.

M. ov.

Coll. Doistau.

ANONYME, vers 1760.

490. — Portrait d'un seigneur et de sa femme dans deux médaillons ovales.

M. ov. sur boîte ovale.

Coll. Doistau.

ANONYME, vers 1760.

491. — Portrait de dame coiffée d'une ruche, et portant une robe décolletée.

M. ov. sur une boîte.

Coll. Doistau.

ANONYME, vers 1765.

492. — Portrait présumé de Mme Favart en costume de Babet. Cette miniature rappelle le portrait de Mme de Pompadour en belle jardinière. (Par Garand ?)

M. r. sur une boîte.

Coll. Doistau.

1. Cf. Goncourt, pp. 64, 312, 317.

Anonyme, d'après La Tour.

493. — (Vers 1770.) Portrait du sculpteur Jean-Baptiste Le Moyne, membre de l'Académie en 1738, né en 1704, mort en 1778.

M. ov. dans un encadrement de cheveux.

M. Yves Le Moyne.

Anonyme, vers 1770.

494. — Portrait d'un membre de la famille du Nouÿ.

M. ov.

M. Lecomte du Nouÿ.

Anonyme, vers 1770.

495. — Portrait de dame en costume décolleté, tenant un éventail.

M. ov. en largeur.

Coll. Bon de Schlichting.

Anonyme, vers 1770.

496. — Portrait d'un prince, portant le cordon du Saint-Esprit et représenté au milieu d'un parc. Louis-Jules Barbon Mazarin, duc de Nivernais, par Vigié, d'après Ramsay.

M. ov. en largeur.

Coll. Doistau.

Anonyme, vers 1775.

497. — Portrait d'une dame de 1775 environ. Elle paraît âgée d'une quarantaine d'années, et porte un bonnet à la Vergy et un corsage échancré. (Par Vestier?)

M. ov. sur petite boîte ronde.

M. Édouard Sain, artiste-peintre.

Anonyme, vers 1775.

498. — Portrait d'une jeune femme coiffée à la mode de 1775 environ, avec natte tombant sur l'épaule et corsage décolleté.

M. ov.

M. le Cte Allard du Chollet.

ANONYME, vers 1775.

499. — Portrait d'un homme de soixante ans environ tenant le portrait d'une dame.

M. r. sur une boîte.

Coll. Doistau.

ANONYME.

500. — (Vers 1780.) Portrait de jeune fille coiffée d'un bonnet papillon, et portant un fichu sur les épaules. Cette pièce est dans le goût de certains dessins de Gilles Demarteau.

Gouache sur fond ovale dans une bordure carrée.

Mlle Wührer.

ANONYME, vers 1780.

501. — Un mari au tombeau de sa femme avec ses deux enfants qui ornent la tombe de fleurs. Ce tombeau est en pyramide, avec buste de la défunte.

Gouache.

M. le Cte Allard du Chollet.

ANOMYME, vers 1780.

502. — Portrait d'une femme de la famille de Mirabeau.

M. ov.

M. Henry Marcel.

ANONYME, vers 1780 (École anglaise).

503. — Portrait d'homme.

M. ov.

Coll. Doistau.

ANONYME, vers 1785.

504. — Portrait de femme, de 1785 environ, tête nue. A l'intérieur de la boîte, une autre miniature sur vélin représente une dame, de 1760 environ, probablement la mère de la première.

M. ov. sur une boîte à pans coupés.

Coll. de M. Bern. Franck.

N° 444

Email de Jacques Thouron
(appartient à M. Fitz-Henry)

N° 40

Portrait de Femme, par Augustin
(appartient à M. Taigny)

ANONYME, vers 1789.

505. — Portrait de Gabriel-Honoré Riquetti de Mirabeau, sans poudre et avec un costume entr'ouvert. Type très rare et presque inédit qui a servi au « Patriote Palloy » à graver l'épitaphe du célèbre orateur. Provient directement de Mirabeau, par Lucas de Montigny.

M. r. sur une boîte.

M. Gabriel Marcel.

ANONYME, vers 1790 (École anglaise).

506. — Portrait d'une dame en costume blanc, au milieu d'un paysage.

Fixé sur verre.

Coll. Doistau.

ANONYME, vers 1790.

507. — Portrait d'un jeune officier.

M. ov.

Coll. Bon de Schlichting.

ANONYME, vers 1790.

508. — Portrait de femme en buste.

M.

Coll. de M. P.

ANONYME, vers 1790.

509. — Portrait d'une dame portant une guimpe de linon retenue par des rubans rayés, et un corsage bleu.

M. ov.

Coll. Doistau.

ANONYME, vers 1790.

510. — Portrait d'un jeune officier de marine.

M. ov.

Mme P. A. Lemoisne.

ANONYME, vers 1790.

511. — Portrait de jeune fille en buste.

M. r. sur une boîte.

Coll. de M. P.

ÉCOLE ANGLAISE :

512. — (1795.) Portrait d'un homme en redingote.

M. ov.

M. Fitz-Henry.

ANONYME, vers 1795.

513. — Portrait de Julie Carreau, femme du comédien Talma, morte en 1805.

M. ov.

Coll. A. Jubinal de Saint-Albin. Prêté par Mme Georges Duruy.

ANONYME, vers 1795.

514. — Portrait d'une jeune femme en costume décolleté, avec un ruban dans la chevelure.

M. r. sur boîte.

Coll. Doistau.

ANONYME, 1795.

515. — Portrait d'un officier du génie, représenté dans un parc. Il porte le chapeau bicorne et tient son sabre sous le bras. (Par Heinsius ?)

M. r. sur une boîte.

Coll. Doistau.

ANONYME, vers 1795.

516. — Portrait de femme âgée portant un bonnet de femme du peuple.

M. ov.

Coll. Bon de Schlichting.

ANONYME, vers 1795.

517. — Portrait d'une femme portant un fichu sur les épaules et une sorte de turban en marmotte sur la tête. Madame Hunter de Newport (Rhode-Island), mère de Madame de Palézieux Falconnet, grand' mère de la comtesse Jeanne de Pourtalès Gorjier.

M. r.

Coll. de Mme la Comtesse de E. Pourtalès.

Anonyme. École anglaise (J. R. Smith?).

518. — Jeune femme coiffée d'un grand chapeau bleu. Elle porte un fichu noir et des gants bleus.

M. Galbrun.

M. r.

Anonyme, vers 1795.

519. — Portrait d'une jeune fille en coiffure basse. Elle est dévêtue jusqu'à mi-corps.

Coll. Doistau.

M. r.

Anonyme, fin du XVIIIe s.

520. — Portrait de jeune fille dans un médaillon en forme de cœur, avec son étui ancien.

Coll. de M. P.

M. r.

Anonyme, émailleur fin du XVIIIe s.

521. — Portrait de Gustave III, roi de Suède.

Coll. Bon de Schlichting.

Émail ov.

Anonyme, XVIIIe s.

522. — Scène galante.

Coll. de M. P.

M. rect.

Anonyme.

523. — Portrait de Mme Grandier.

Coll. de M. P.

M. r.

Anonyme.

524. — Le concert champêtre ou la leçon de flûte.

Coll. de M. Paul Delore.

Gouache r.

Anonyme, fin du XVIIIe s. (École anglaise).

525. — Portrait de femme en coiffure et chapeau Van Dyck.

M. ov.

    Coll. Bon de Schlichting.

Anonyme, fin du XVIIIe s.

526. — Portrait de femme.

M. r.

    Coll. de M. P.

Anonyme, vers 1815. (Saint?)

527. — Portrait de Virginie, fille de Bernardin de Saint-Pierre, mariée au comte de Gazan.

M. ov

    Cette pièce provient de la comtesse de Gazan.
    M. Barringer.

SUPPLÉMENT

AUGUSTIN.

528. — (Vers 1792.) Portrait d'une femme peintre devant son chevalet et préparant sa palette.

M. c. ébauchée.

M. Alphonse Kann.

BOREL (Antoine).

Élève de Devosge et d'Augustin né en 1777, mort en 1838. Borel avait fourni le dessin de diverses pièces en couleurs du XVIIIe siècle, entre autres celui du « charlatan » très rapproché de l'aquarelle que nous exposons et qui ne paraît pas avoir été gravé. Borel était un miniaturiste, il devint directeur de l'École de dessin de Besançon.

529. — « L'Arrivée de la foire », aquarelle préparée pour la gravure en couleurs. Une barque aborde à un terre-plein où sont déjà installés les préparatifs d'une fête champêtre. Pièce en pendant au *Charlatan*, gravée par Léveillé d'ap. Borel.

Aquarelle signée A. Borel invenit delineavit 1782.

M. Paul Garnier.

COUVELET.

530. — Portrait de Mme d'Épreville, dame d'honneur de la reine Hortense, en costume de ville avec chapeau.

M. c. signée Couvelet 1812.

Mme Henri de La Tour.

DERUNTON? ou DERANT.

531. — (1785.) Portrait d'homme en buste portant un habit bleu.

M. r. signée Derunt[on].

M. Alphonse Kann.

HULL.

532. — Portrait de dame dans le boîtier d'une montre enrichie de diamants. Le portrait est caché par une cuvette guillochée et émaillée.

M. r.

M. Paul Garnier.

LAURENT.

333. (1800.) Portrait de jeune femme en buste tournée à gauche, écharpe de tulle bleu.

M. r. signée *Laurent 1800*.

M. Alphonse Kann.

VAN-LOO.

534. — (D'après), par un miniaturiste italien. Portrait de Louis XV, miniature à la gouache découpée et encadrée dans une broderie de style rocaille, sur la couverture d'un livre italien. Au verso les armes de France.

Gouache sur papier découpé.

Département des Imprimés.

Anonyme, vers 1715.

535. — Portrait de la princesse de Conti.

M. gouache sur vélin.

Département des Imprimés.

Cette miniature est exposée ici pour montrer la transition entre les enluminures des xve et xvie s. et la miniature de la fin du xviiie s.

536. — (Vers 1801.) Portrait du lieutenant-général vicomte Vallin. Il porte l'uniforme de chef d'escadron du deuxième hussards, régiment de Chamborant.

M. ov. anonyme.

Colonel Borrelli de Serres.

ESTAMPES

Nous l'avons indiqué brièvement dans l'Introduction ; on se propose ici de mettre en présence les divers modes de gravure en couleurs ou en noir usités en France et en Angleterre et qui se distinguent nettement du bois, du burin et de l'eau-forte.

Ces moyens nouveaux se produisirent successivement à partir du xviie siècle, et atteignirent leur plus grande vogue dans la seconde moitié du xviiie siècle. Ils sont par ordre :

La matière noire ou mezzotinte.
Le pointillé.
Les tirages en couleurs à plusieurs planches.
La gravure en manière de crayon ou de pastel.
La manière de lavis et l'aquatinte.

En réalité tous ces procédés découlent du burin, et se *tirent* ou *s'impriment* en taille-douce. Toutes ces techniques diverses reviennent à la formule du creux, de l'intaille sur un cuivre poli, qui retient l'encre qu'on y vient déposer, et la décharge ensuite par une pression violente, sur un papier humecté.

Manière noire ou mezzotinte. — Les Anglais disent *mezzotinto*, nous disons *manière noire* ou *manière anglaise*. Dans l'ordre successif des découvertes la manière noire vient la première. Elle a sa légende. Révélée, dit-on, en 1642 (?) par un officier au service du Landgrave de Hesse, Louis de Siegen, elle fut perfectionnée par le prince allemand Ruprecht, et adoptée par les Anglais, les Hollandais et les Français dès la fin du xviie siècle. Mais les Anglais lui donnèrent un élan remarquable, et, distançant leurs rivaux, les produisirent presque exclusivement de 1700 à 1820.

L'économie de cette pratique nouvelle est juste l'opposée du burin. Tandis que, pour celui-ci, l'opérateur, armé d'un outil tranchant, taille dans le cuivre les tracés en lignes nettes qui produiront au tirage une sorte de dessin à la plume, le mezzotintiste au contraire commence par couvrir uniformément sa planche de trous imperceptibles et répétés au moyen d'un outil en demi-lune hérissé de pointes aiguës, que l'on balance à la façon d'un fauteuil américain. Cet outil se nomme berceau. Alors, l'esquisse du dessin à reproduire ayant été reportée sur cette surface grenetée, le graveur écrase les parties qui devront apparaître plus claires au tirage, il dégrade et estompe au moyen d'un brunissoir, et obtient ainsi des formes veloutées, noyées dans leurs contours, sans brutalités de lignes. L'écueil de cette pratique est d'uniformiser un peu les talents, et de laisser moins de personnalité aux artistes. Tandis que nous pouvons très facilement reconnaître la *main* d'un buriniste ou d'un aquafortiste comme Nanteuil ou Rembrandt, il est plus difficile, pour ne pas dire impossible, de discerner à première vue, une manière noire de l'un, de celle d'un autre. On pourra se convaincre de ce fait en parcourant l'exposition de nos mezzotintes anglaises.

Pointillé. — Vers la seconde moitié du XVIIIe siècle, des graveurs étrangers établis à Londres, adoptèrent un mode de gravure au pointillé qui fournit une carrière presque égale à celle de l'aquatinte. Ce pointillé qui avait été déjà pratiqué au burin dès le XVIe siècle en Italie, qui avait donné en France le maître portraitiste Jean Morin dans le XVIIe siècle, intéressa beaucoup les Anglais. Au lieu du berceau de la manière noire, et au lieu de préparer d'avance les *noirs* d'une planche, on ne les produisit que juste où il fallait, en les augmentant ou en les atténuant suivant le cas. Ces pointillés s'obtenaient par des roulettes, des burins rapides, des préparations à l'aquatinte même. C'était une technique plus leste, d'où le nom de *Stipple engraving* que les Anglais lui donnèrent.

Tirages en couleurs. — Pour pasticher les aquarelles dans leurs estampes et leur donner l'apparence de dessins au pinceau, les artistes de la manière noire et du pointillé avaient imaginé un encrage de leurs planches à plusieurs tons polychromés. Ils faisaient, à chaque passage sous la presse, une véritable aquarelle sur le cuivre au moyen d'un petit tampon nommé *poupée*. Mais ce moyen borné et primitif, outre qu'il donnait rarement des produits uniformes, était d'un revient assez élevé. Depuis longtemps les Français avaient tenté une simplification.

Jean Le Blon, français d'origine, réfugié à Francfort-sur-le-Mein, avait imaginé, ou mieux, avait perfectionné des essais antérieurs, en substituant à l'encrage à la poupée, une succession de planches ne portant chacune que la partie des travaux réservés pour un ton. Par superposition, et en amenant successivement ces blocs unichromes sur la feuille de papier, au moyen de repérages sévères, on obtenait des coloriages francs ou mélangés d'un effet assez puissant et assez varié dans les nuances. Cette théorie que les Anglais n'ont guère suivie, fut continuée en France par le sieur Gauthier-Dagoty, et ses fils, et l'un d'eux fut nettement proclamé l'inventeur du procédé dans un portrait que nous exposons et qui est produit par ce moyen. Mais les estampes de Le Blon, antérieures et surtout supérieures à celles du premier Gauthier-Dagoty, ne nous permettent pas d'admettre les prétentions de ce dernier.

Le Blon et Dagoty procédaient toujours dans la manière noire pour leurs tentatives en couleurs. D'autres recherches allaient être faites qui devaient jouir en France d'une faveur exceptionnelle.

Manière de crayon ou de pastel. — Un sieur J.-C. François, né à Nancy en 1717, avait combiné certains jeux de roulette sur le cuivre, qui, lors du tirage, rappelaient les traits de sanguine accrochés aux aspérités du papier. François produisit dans ce genre diverses estampes assez habiles, mais, suivant ce qu'il arrive ordinairement, l'inventeur fut distancé par ses imitateurs. Louis Marin Bonnet, de Paris, et Gilles Demarteau, de Liège, reprirent ultérieurement cette technique, la libérèrent de certaines formules étroites, et, pastichant à la fois la sanguine par des tirages en bistre, et le pastel par des jeux de planches polychromées, ils produisirent ces œuvres aujourd'hui fort recherchées, qui sont de véritables trompe-l'œil. Demarteau ne manqua point de se proclamer l'inventeur de *la manière de crayon*, mais une lettre de C.-N. Cochin, son ami cependant, ne laisse rien subsister de ses prétentions.

Aquatinte et manière de lavis. — D'ailleurs le même J.-C. François de Nancy prouvait son antériorité de novateur et sa qualité d'inventeur par une découverte plus importante encore et qui découlait de la manière de crayon. Pour produire le *grain* de ce crayon, il préparait ses planches au moyen d'un vernis sur lequel il tamisait des grains de résine.

Il préparait ses planches en les vernissant comme pour une eau-forte ordinaire, mais le dessin au lieu d'être tracé avec une pointe d'acier était exécuté avec un pinceau imbibé d'huile d'olive et de térébenthine. Ce mélange agissant comme dissolvant, il suffisait d'éponger avec un linge doux et de la poudre à perruque pour voir le métal à nu sur le parcours du tracé. En tamisant sur le cuivre ainsi préparé une mince couche de résine en poudre et en chauffant on obtenait le *grain*. Le difficile était de ne pas aller jusqu'à fusion complète de la résine qui aurait constitué ainsi un vernis imperméable, mais de s'arrêter au moment où elle commence à se ramollir et adhère en *grains* à la surface de la planche. Chaque grain protège contre l'action de l'eau-forte ce qui est immédiatement au-dessous de lui, mais il est séparé de ses voisins par un interstice qui laisse le métal à nu et lui permet d'être attaqué par l'acide, en un point. L'ensemble de ces petits points constitue un ton.

C'était l'aquatinte révélée, sinon définitive. Elle attendra quelques années encore les perfectionnements que lui apporteront Descourtis, Janinet et Debucourt.

Quant à la manière de lavis, beaucoup plus simple et que l'on croyait un peu l'invention personnelle d'Augustin de Saint-Aubin en 1760, elle était également l'œuvre de François. Dès 1758, François avait publié un dessin lavé d'après Boucher qui est la preuve, et que nous exposons avec les notes manuscrites de l'auteur. Les essais de Saint-Aubin, fournis par les épreuves des *cinq sens*, également exposés par nous, sont de deux ans postérieurs.

L'économie de cette technique était des plus simples. On gravait une silhouette de dessin à l'eau-forte, et par le moyen d'un pinceau trempé dans un liquide mordant, on *lavait* les parties destinées aux ombres et aux modelés en accentuant plus ou moins.

La manière de lavis ne paraît pas avoir beaucoup séduit les graveurs. L'abbé de Saint-Non, artiste amateur, l'employa pour reproduire certains paysages et divers objets d'art. Il passe même pour l'avoir inventée. Puis il y eut Leprince qui s'en empara et en composa des estampes jolies, mais un peu maigres. Saint-Aubin, comme nous avons dit, la tenta également mais ne persévéra point. Le grain fourni par l'aquatinte parut bien supérieur et prit le pas.

C'est alors que Descourtis, Janinet, Debucourt, Sergent-Marceau, d'autres encore poussèrent l'aquatinte, en firent des combinaisons de planches polychromées et produisirent, dans le dernier quart du XVIIIe siècle, cette œuvre sincèrement française qui est l'*estampe en couleurs*.

Exposition du XVIIIe siècle.

Tous ces formulaires de pratique laborieusement conquis les uns après les autres, libéraient peu à peu les graveurs des techniques bornées du début. Les pointillistes anglais durent beaucoup aux Français. Quant aux graveurs en manière noire, ils en étaient arrivés à considérer leur art comme un moyen définitif et hiératique dont les éléments constituaient un ensemble impeccable. A ce compte, la manière noire anglaise rappellerait un peu le burin chez nous, le seul admis aux honneurs académiques, le seul langage que daignassent parler les tenants du Grand Art.

C'est la première fois qu'une exposition d'étude comparative est constituée sur ce point très spécial et très inédit. Mais nous n'avons pas oublié que la science pure n'a pas d'attraits, et nous n'avons pas manqué de chercher pour notre manifestation le côté piquant et mondain qui se nomme la *curiosité*. Le Cabinet des Estampes a pu, sur ses doubles ou triples exemplaires, prélever une bonne part des œuvres présentées. Des collections célèbres, réunies par les amateurs les plus qualifiés, ont fourni les états uniques et rares, qui ne se voient jamais et qui dans l'instant atteignent les enchères les plus invraisemblables. Les estampes que nous montrons aujourd'hui n'eussent pas, dans le XVIIIe siècle, représenté beaucoup plus de deux ou trois mille livres ; il faudrait des millions pour les rassembler à l'heure actuelle, et même avec des millions on ne le pourrait pas.

On a adopté pour le classement des pièces dans le catalogue la méthode alphabétique par noms de graveurs généralement admise, mais dans la répartition des œuvres sur les murs, on a cherché, autant qu'on l'a pu, la suite chronologique. Grâce aux numéros du catalogue il sera facile de s'orienter.

Les organisateurs de l'Exposition doivent des gratitudes particulières à M. le baron de Vinck de Deux-Orp, qui vient de donner au Cabinet des Estampes une collection inestimable de 12.000 pièces; à M. Achille Fould, à M. Maurice Fenaille dont la très remarquable collection d'estampes a été largement mise à contribution pour l'œuvre de Debucourt, de Janinet et de certains maîtres anglais. M. Fenaille a publié un catalogue de Debucourt qui restera le modèle de ces travaux d'érudition spéciale. Ils doivent également beaucoup à M. Henri Béraldi dont les connaissances spéciales sur les maîtres graveurs du XVIIIe siècle leur ont fourni de nombreux renseignements. M. Béraldi a également prêté quelques pièces rarissimes de son cabinet.

M. François Courboin, bibliothécaire au Cabinet des Estampes, M. Paul André Lemoisne, sous-bibliothécaire, et M. Bruel, attaché au même Cabinet, se sont donné la tâche de recueillir les œuvres utiles, et ont largement contribué par leur zèle et leur initiative à rendre possible un projet hâtivement conçu. MM. Jean Guiffrey et Karl Dreyfus du Musée du Louvre ont assuré quelques prêts d'une importance capitale. Nous signalons tous ces noms à la reconnaissance de ceux qui voudront bien approuver la manifestation de la Bibliothèque nationale.

J. Reynolds, pinx.   N° 738   Marc Ardele, Sculp.

DUCHESSE DE MARLBOROUGH

CATALOGUE DES ESTAMPES

ALIX [1] (Pierre-Michel), 1752-1809.

 Élève de Philippe Le Bas, né à Honfleur en 1752, mort à Paris en 1809. Un des meilleurs aquatintistes de la fin du XVIIIe siècle.

550. — (D'après Gros), 1798. [**Le général Berthier**.] Portrait dans un ovale, de Pierre-Alexandre Berthier, depuis prince de Wagram, tête nue et en costume de général. Cette pièce est un chef-d'œuvre de l'aquatinte en couleurs.

         Épreuve du 1er état avant les indications dans la tablette.
 Cabinet des Estampes.

551. — [**Le Tourneur**.] Portrait de Charles-Louis-François-Honoré Letourneur, membre du Directoire exécutif.

 Cabinet des Estampes.   Épreuve avant lettres, en noir.

BONNET (Louis Marin), 1743-1793.

 Un des continuateurs de François dans la gravure en manière de crayon, et l'un des rivaux de Gilles Demarteau.

552. — (D'après Boucher.) [**Femme couchée**.] Bonnet, comme Demarteau, avait porté l'art de la gravure en manière de crayon ou de pastel, à un très haut degré de perfection. Ses imitations de dessins de Boucher sont fort trompeuses.

        Épreuve avant la lettre, en couleurs.
 Coll. Fenaille.

---

1. Nous ne fournissons que des renseignements sommaires sur les graveurs français. On consultera pour plus d'informations les nombreux catalogues biographiques sur ce sujet, conservés au Cabinet des Estampes. Les crochets qui entourent les noms et les légendes, indiquent les avant-lettre.

553. — (D'après Boucher.) [**Vénus et l'Amour.**] Imitation d'un dessin à la pierre noire rehaussé de blanc. Cette estampe imprimée sur papier bleu est un type caractéristique de l'impression en blanc trouvée par Bonnet.

Épreuve avant toute lettre.

Cabinet des Estampes.

554. — (D'après Boucher), 1769. [**Mme de Pompadour.**] On considère cette estampe en manière de crayon ou pastel, comme représentant Mme de Pompadour, d'après un portrait de Boucher, de 1757. Mais, suivant la lettre qui le dit « Tiré du cabinet de M. Baudouin, peintre du Roy », on a pensé que ce pouvait être Mme Baudouin, fille de Boucher. Suite de huit planches en couleurs servant à l'établissement de l'estampe. Ces états, réunis par Bonnet et reliés aux armes du Roi, ont été réservés pour les collections royales.

Épreuves uniques en ces états.

Bibliothèque de l'Arsenal. Dép. des mss.

555. — (D'après Boucher), 1767. [**Tête de femme.**] Estampe en manière de pastel.

Épreuve du 1er état.

Coll. Fenaille.

556. — (D'après Boucher.) [**Le réveil de Vénus.**] Estampe gravée dans la manière de pastel, en couleurs.

Épreuve très rare avant la lettre et avec la
guirlande cachant la nudité qui disparaîtra aux tirages ultérieurs.

Coll. Fenaille.

557. — (D'après J.-B. Huet.) 1° [**Offrande présentée par l'Amour à la Fidélité.**] Pièce au pointillé en couleurs, dans un état de conservation admirable.

Épreuve du 2e état.

558. — 2° [**L'Amour offrant des présents à Ariane.**]

Mêmes remarques.

Cabinet des Estampes.

559. — (D'après Ilferdinck.) [**Marie-Thérèse, comtesse d'Artois.**] Buste grand comme nature, de la comtesse d'Artois, belle-sœur de Marie-Antoinette.

Épreuve en sanguine.

Cabinet des Estampes.

560. — (D'après Van Loo.) [**Marie-Antoinette.**] Cette estampe, dans la manière de crayon, date de l'arrivée de la dauphine en France. Elle est de grandeur nature, et les épreuves en sont fort rares. Elle ne passe jamais dans les ventes d'estampes.

Épreuve d'un 4e état avec le n° 48. Cataloguée dans le Livre de Lord Ronald Gower : *Icon. de Marie-Antoinette*, n° 4.

Cabinet des Estampes.

561. — 1° [**La femme au chapeau.**] Estampe dans le goût un peu libertin du xviiie siècle, de la plus extrême rareté. Manière de crayon et pointillé, dans un cadre en couleur.

Épreuve du 1er état.

562. — 2° [**La femme à la pantoufle.**]

Mêmes remarques.

Cabinet des Estampes.

BRÉA (DE) ou DE BRÉHAT, vers 1780. Paris.

Graveur en manière noire dont on ne connaît que très peu de pièces et dont les dates sont incertaines.

563. — (D'après Lawreince.) [**Les deux cages ou la plus heureuse.**] Cette estampe a été exécutée en manière noire par de Bréa qui grava aussi un portrait de Marie-Antoinette. Elle est curieuse pour le costume de l'une des filles représentées.

Épreuve du 2e état.

Cabinet des Estampes.

CHAPONNIER (ALEXANDRE), 1753-1814.

Graveur au pointillé, né à Genève, mort à Paris.

564. — (D'après L. Boilly.) [**Le Prélude de Nina.**] Pièce très agréablement gravée d'après Boilly. On rencontre des épreuves avec coloris à la poupée. Les états en noir sont les plus recherchés. Pointillé.

Épreuve avant la lettre.

Coll. Fenaille.

CHAPUY (JEAN-BAPTISTE), 1760-1802.

Graveur à l'aquatinte en couleurs.

565. — (D'après Lawreince.) 1° [**Le bosquet d'Amour.**] Cette estampe a quatre états. Elle a été gravée à l'aquatinte dans une note réservée et d'un goût exquis. Les 2es états avec la lettre sont d'une tonalité supérieure.

*Épreuve du 2e état avant le nouveau titre
« Les trois sœurs au parc de Saint-Cloud ».*

566. — 2° [**La Promenade au Bois de Vincennes.**] Mêmes remarques.
Cabinet des Estampes.

567. — (D'après Pietkin.) [**Les plaisirs de l'Été.**] Pièce médiocre, mais de dimensions importantes. Aquatinte.

Épreuve du 3e état.
Cabinet des Estampes.

568. — (D'après J. R. Smith.) [**Le moraliste.**] Copie à l'aquatinte de l'estampe de Nutter, d'après Smith (voir *Nutter*).

Épreuve du 2e état en couleurs.
Cabinet des Estampes.

COQUERET (Pierre-Charles), 1761-1824.

Graveur à l'aquatinte en couleurs et en noir.

569. — (D'après Le Barbier, l'aîné.) [**Monnier.**] Portrait de Monnier, général de la République française.

État avant la lettre et les noms à la pointe.
Cabinet des Estampes.

570. — (D'après Dutailly.) 1° [**On doit à sa patrie le sacrifice de ses plus chères affections.**] On a vu dans cette estampe une allusion à l'histoire du général Marceau. C'est un jeune officier qui part pour l'armée et embrasse sa fiancée. Aquatinte en couleurs d'un éclat remarquable.

Épreuve définitive du 2e état.

571. — 2° [**Il est glorieux de mourir pour sa patrie.**] L'officier blessé, meurt dans les plis d'un drapeau en embrassant sa fiancée éplorée. Pendant.

Épreuve du 2e état.
Cabinet des Estampes.

DAGOTY (Les).

Famille de graveurs à la manière noire et en couleurs, dont les membres fort nombreux se confondent entre eux. Le nom patronymique est Gauthier; Dagoty est le nom de la femme de Jacques Gauthier le père. Ces artistes étaient les continuateurs de Le Blon, et n'avaient pas inventé la gravure en couleurs comme ils le prétendaient. Leurs produits assez médiocres sont aujourd'hui fort recherchés à cause de leur rareté et du problème iconographique qu'ils soulèvent. Les renseignements sur ces graveurs nous ont été fournis par M. Albert Vuaflart.

DAGOTY (Jean-Baptiste-André), 1770.

572. — [**Présentation du portrait de Marie-Antoinette à Louis dauphin, depuis Louis XVI.**] « M. Gauthier Dagoty, fils de M. Gautier (*sic*) anatomiste, pensionnné du Roy, a publié une estampe de sa composition représentant le roi Louis XV, qui, accompagné de la famille royale, montre à Mgr le dauphin (le futur Louis XVI) le médaillon (*sic*) de l'auguste archiduchesse Antoinette. Ce médaillon est soutenu par l'ambassadeur de l'Empire. Cette composition intéressante par elle-même, puisqu'elle nous retrace une union désirée, l'est encore par les soins qu'a pris l'artiste de rendre ses personnages ressemblants. Au bas, on lit ce vers latin :

Fœdera, sanguis, hymen nexu solidentur amori.

« L'estampe a été *gravée en manière noire* par l'auteur lui-même et a environ 30 pouces de long sur 24 de haut » (*Mercure de France*, avril 1770, p. 193. Note communiquée obligeamment par M. Albert Vuaflart).

Cabinet des Estampes.

Estampe d'une grande rareté, dont le cabinet des Estampes possède deux exemplaires. Épreuve rognée.

573. — (1777.) [**Bienfaisance de la reine.**] Pièce gravée à la manière noire et à l'eau-forte. On lit au-dessous du pied du cheval à droite : « Peint et gravé par le chevalier Dagoty l'aîné, peintre de la reine. » La planche est dédiée à la comtesse de Provence dont elle porte les armes vers 1777. C'est l'histoire d'un paysan blessé à Achères par un cerf de meute en 1773 et secouru par la dauphine Marie-Antoinette.

Cabinet des Estampes.

Épreuve dont on ne connaît qu'un exemplaire complet, offert par le baron de Vinck au Cabinet des Estampes en avril 1906.

574. — (1771.) [**La C^{esse} du Barry.**] Cette estampe, assez médiocre d'aspect et qui ne donne du talent de Dagoty qu'une assez piètre idée, est cependant l'une des plus rares et des plus recherchées qui soient. La comtesse est en « saut de lit » et son fameux négrillon Zamore lui apporte son chocolat. Il existe de cette planche des épreuves en noir qui ne sont pas moins recherchées ni introuvables. Celle-ci fut recueillie par le chevalier Michel Hennin qui la légua au Cabinet des Estampes avec la splendide collection historique assemblée par lui au commencement du XIXe siècle.

Épreuve du seul état connu.

Cabinet des Estampes.

DAGOTY (Fabien), 1776.

575. — [**Marie-Antoinette.**] Pièce unique gravée par Dagoty à la manière noire et à l'eau-forte. Elle porte une lettre erronée, mise à la pointe longtemps après sous la Restauration. On y lit : *Marie-Antoinette reine de France d'après le tableau original par Rosline* (sic) *peintre du Roi gravé par Roger*. Or le tableau de Roslin a été gravé par Roger sous la Restauration, quarante ans après l'exécution de la présente planche, qui n'avait pas été tirée dans le XVIIIe siècle.

Épreuve unique offerte en avril 1906 au Cabinet des Estampes par le baron de Vinck avec 12.000 pièces sur l'hist. de France.

Cabinet des Estampes.

576. — [**Marie-Antoinette.**] Portrait de la reine dans le type plusieurs fois gravé par Dagoty, et qui a servi à Janinet pour le portrait en couleurs de la reine copié en sens contraire. Cette pièce était tirée de façon à parodier le pastel au moyen de planches encrées en gris, et de travaux à l'eau-forte. Manière noire et eau-forte.

Épreuve connue à de rares exemplaires, offerte au Cabinet des Estampes par M. le baron de Vinck en avril 1906, dans un lot de 12.000 pièces sur l'Hist. de France.

Cabinet des Estampes.

DAGOTY (Louis), 1776.

577. — (D'après Dagoty l'aîné.) [**Marie-Antoinette.**] On a fait grand état de cette pièce assez médiocre qui est introuvable aujourd'hui. On ne cite jamais l'épreuve de la Bibliothèque nationale parmi les trois

Th. Lawrence, pinx. F. Bartolozzi, sculp.

N° 747
MISS FARREN

connues. Celle de la collection Béraldi a été trouvée dans une loge de concierge et payée 1.200 fr. après diverses fortunes. On cite une épreuve à Windsor avec la lettre ; une autre était chez le baron de Vinck qui l'a offerte au dép. des Estampes :

Marie-Antoinette Reine de France
Dédié à Madame la Comtesse de Provence.

Gravé dans un nouveau genre
sur le portrait original peint
d'après nature par le sieur Da-   *Par son très humble et très*
goty l'aîné, peintre de la Reine.   *soumis serviteur*
                                        Louis Dagoty sculp.
                                        Épreuve avant la lettre.

Cabinet des Estampes.

578. — (D'après Heinsius en collabor. avec Lasinio.) [**Édouard Dagoty.**] Cette estampe fort rare et qu'on a vue monter au prix de 3.000 francs, représente le célèbre Édouard Dagoty, artiste, inventeur, qui dut s'enfuir à Florence après avoir sombré à Paris. En dépit de la lettre qui attribue la présente gravure à Lasinio, on croit que cette pièce est gravée par Louis-Charles Dagoty, dit le chevalier Dagoty. On lit au bas :

Portrait d'Édouard Dagoty inventeur de la
gravure en couleurs, né à Paris en 1745, mort
à Florence l'8 mai 1783. Peint par
Kanchsius (sic) gravé et dessiné par Lasinio
imprimé par Labrelis.

L'original de ce portrait est de Heinsius et non de *Kanchsius*; il appartient à M. Otto Bethmann à Paris. (Voir ci-devant n°s 234-241.)

Épreuve en couleurs.

Cabinet des Estampes.

DARCIS (Louis), ?-1801.
Graveur au pointillé à Paris.

579. — (D'après Lawreince.) 1° [**La sentinelle en défaut.**] Une fille cachant son galant. Pointillé en couleurs.

Épreuve du 3e état.

580. — 2° [**L'accident imprévu.**] Une partie remise par lettre. Pointillé en couleurs faisant pendant.

Épreuve du 2e état.

Cabinet des Estampes.

DEBUCOURT (Louis-Philibert).

Né en 1755 à Paris et mort dans la même ville en 1832, cet artiste appartient à deux siècles et à deux formules d'art très différents.

Debucourt a parisianisé un procédé de gravure qui jusqu'à lui avait été plutôt une tentative qu'un résultat. Agréé de l'Académie de peinture en 1781 il expose au Salon divers petits tableaux qui ne lui donnent pas la gloire. En 1785, il se met à graver à l'aquatinte les *Amants découverts* « suivant la méthode de Janinet et de Descourtis, » imitateurs de Gautier-Dagoty, lequel procédait de Le Blon. De 1785 à 1790, Debucourt publie en noir et en couleurs à plusieurs planches les ravissantes histoires parisiennes que nous exposons ici dans leurs états les plus brillants et les plus rares. Au temps où Debucourt les publia, ces œuvres « aimables », comme on disait, se vendaient quelques livres ; aujourd'hui leur destruction et leur disparition a donné aux épreuves retrouvées une importance d'œuvres originales. On sait les prix que ces estampes atteignent dans les ventes surtout dans leurs états avant la lettre.

C'est une réunion de pièces de ce genre que nous exposons ici ; la plupart proviennent de l'incomparable collection de M. Maurice Fenaille, historien de Debucourt, qui a publié un catalogue complet de l'œuvre du Maître. Peut-être ne reverra-t-on jamais un ensemble aussi merveilleux d'états et de tirages.

Le catalogue de M. Fenaille décrit avec une très grande précision chacune des pièces gravées par Debucourt. C'est un modèle à proposer.

Debucourt a gravé 577 pièces diverses.

(Maurice Fenaille : *L'œuvre de P.-J. Debucourt*, Paris, Damascène Morgand, 1899, in-4).

581. — [La fille enlevée.]

Épreuve en couleurs avant toutes lettres. Seul exemplaire connu.

M. Achille Fould.

582. — 1786. [**Les deux baisers.**] Debucourt avait peint un tableau pour le Salon de 1785 qui portait le titre de la *Feinte caresse,* c'est l'éternelle histoire du vieux mari bafoué par l'artiste. Le livret du Salon portait : « Un vieillard sourit en regardant le portrait commencé de « la jeune épouse qu'il fait peindre, tenant le sien en médaillon, tandis « qu'appuyée sur son épaule elle lui caresse la joue et profite de sa « folle constance pour glisser un billet au jeune artiste qui lui baise la « main. » Les Deux baisers sont montés en vente publique à 9.120 francs.

Épreuve avant la lettre du 2ᵉ état en couleurs

Coll. Fenaille.

583. — 1787. [**L'oiseau ranimé.**] Cette pièce fort rare est gravée dans les dimensions de Janinet, la *Comparaison*, l'*Aveu difficile*, l'*Indiscretion*.

> Épreuve du 2e état. En 1881, une épreuve semblable se vendit 1.570 francs à la vente Mülbacher. Une autre, depuis, 9.200 fr. à la vente Lelong.

Coll. Fenaille.

584. — (1787.) [**Promenade de la Gallerie du Palais Royal.**] Debucourt a donné dans cette estampe libre cours à son ironie. Il montre la galerie de bois du Palais-Royal, aujourd'hui Galerie d'Orléans, alors le lieu le plus fréquenté de Paris. Ses personnages pris sur nature ont été exagérés dans le sens caricatural. Il se venge de certains compères. Deux femmes à droite rappellent les femmes de l'*oiseau ranimé* publié cette année même. La *Promenade* se vendait 12 livres en couleurs.

> Épreuve du 4e état.

Cabinet des Estampes.

585. — (1787.) [**L'Escalade ou les Adieux du matin.**] Cette pièce fait pendant à *Heur et malheur*, elle doit la précéder dans l'ordre logique des événements. Avec son pendant elle atteint des enchères variant de 3.000 à 5.500 francs.

> Épreuve du 1er état en couleurs avant toutes lettres.

Coll. Fenaille.

586. —(1787.) [**Heur et malheur ou la Cruche cassée.**] Estampe faisant pendant à l'*Escalade*. Elle est gravée à l'aquatinte à 4 planches, et fut publiée l'année où Debucourt offrait au public la *Promenade de la Gallerie du Palais Royal*.

> Épreuve du 1er état en couleurs avant toutes lettres.

Coll. Fenaille.

587. — 2° Épreuve définitive.

Cabinet des Estampes.

588. — (1787.) [**Le Menuet de la Mariée.**] Cette estampe, l'une des plus célèbres de Debucourt, est à l'aquatinte à plusieurs planches, une de noir et quatre pour les couleurs, bleu, jaune, rouge et rose. A sa publication, on annonçait la *Noce de village* de Descourtis comme lui faisant pendant. Elle fut dédiée au comte de Cossé qui signa au mariage de Debucourt. Elle se vendait 6 livres. Aujourd'hui, avec son pendant, en bel état, elle monte à plus de 4.000 fr.

Épreuve du 1er état avant toutes lettres en couleurs.

Coll. Fenaille.

589. — (1787-1788.) [**Les compliments ou la Matinée du Jour de l'an.**] Cette pièce et celle qui suit, sont, avec la *Promenade publique*, les plus connues de Debucourt. Ce sont les meilleures par le goût et la délicatesse du travail. Celle-ci fut publiée en décembre 1787, avant les étrennes de 1788. Elle est en ovale, dans un cadre imitant le marbre. Elle comporte divers états, mais les derniers sont quelquefois plus heureusement nuancés. Les costumes sont particulièrement soignés.

Cabinet des Estampes.

590. — (1788.) **Les bouquets ou la fête de la Grand'maman.**] L'esquisse peinte de ce délicieux tableau de genre est chez M. Panhard. L'aquatinte en couleurs de Debucourt comportait 4 états différents. L'un, le tout premier, est en noir, nous l'exposons ici; on n'en connaît qu'une épreuve. Il est avant le fond marbré.

Épreuve du 1er état en noir.

Coll. de M. A. Béraldi.

591. — 2°

Épreuves en couleurs du 3e état.

Cabinet des Estampes.

592. — (1788.) 1° [**La Main.**]

593. — [**La Rose.**] 2° Deux estampes publiées en pendant et portant des vers du chevalier de Parny.

Épreuves du 2e état avec les vers.

Coll. Fenaille.

594. — (1784.) [**Annette et Lubin.**] Planche gravée en l'honneur de deux personnages d'un conte de Marmontel, qui au temps de Debucourt étaient deux vieillards habitant Cormeilles en Parisis. Debucourt désirant participer à une bonne œuvre, écrivait le 7 avril 1789 : « Puisse « cette estampe mériter quelque indulgence et puisse l'image d'Annette

« supplianre à 15 ans, intéresser en faveur d'Annette sexagénaire » (cité par M. M. Fenaille, n° 22 de son cat.).

M. Achille Fould.   Épreuves du 1er état en noir.

595. — 2°

Cabinet des Estampes.   Épreuve du 5e état en couleurs.

596. — (1789.) [**La noce au château.**] Estampe en couleurs à plusieurs planches, elle fait pendant au *Menuet de la Mariée*, et jouit d'une pareille renommée. Cette planche fut exécutée au temps de la prise de la Bastille, et se vendait 6 livres. Elle est plus rare que son pendant. Le Journal de Paris dit de cette estampe : « Elle est agréable par son ton, les costumes et l'ordonnance, elle nous semble faite pour plaire au public. » Originairement c'était la *Noce de village* par Descourtis, d'après Taunay, qui faisait pendant au *Menuet de la Mariée*.

Coll. Fenaille.   Épreuve du 1er état avant toutes lettres en couleurs.

597. — (Février 1790.) [**Le mis de Lafayette.**] Cette pièce est la première que Debucourt ait gravée d'après son propre dessin à la manière noire anglaise. Elle n'a qu'un seul état connu, celui décrit par M. Fenaille, n° 23 de son catal. de Debucourt. Les tirages en couleurs sont à la poupée.

Cabinet des Estampes.   Épreuve en noir *à toutes marges*.

598. — (1790.) [**L'Enfant soldat ou les amusements de la famille.**] Gravure en manière noire, exécutée dans les premiers temps de la Révolution, au temps où Debucourt publiait un portrait de Lafayette. Elle est l'une des plus rares de l'œuvre, sinon des plus recherchées.

Coll. Fenaille.   Épreuve du 1er état.

599. — (1791.) [**La Croisée.**] On trouve ordinairement cette estampe avec deux enfants remplaçant le galant qui prend le billet. Ici le galant est conservé et il est plus dans l'esprit des compositions ordinaires du maître. Aquatinte à gros grains, manière mixte.

Épreuve du 1er état, avec le jeune homme, qui sera remplacé, dans le 2e état, par une fillette et un petit garçon. Le livre que tient la jeune femme, « L'art de rendre les femmes fidèles », a le titre effacé. En noir.

Coll. Fenaille.

600. — (1791.) [**La rose mal défendue.**] Estampe gravée à l'aquatinte. C'est une des plus célèbres de Debucourt avec la *Croisée* qui lui fait pendant. L'artiste cherchait alors un procédé qui ne fût pas l'aquatinte un peu trop légère de ses débuts. Les tirages à 4 planches sont très rares et d'ailleurs moins séduisants que ceux en noir. Manière mixte, aquatinte à gros grains.

Épreuve du 1er état en noir.

Coll. Fenaille.

601. — (1792.) [**La Promenade publique.**] Cette estampe célèbre, partout reproduite et aujourd'hui connue comme un tableau des plus grands maîtres, atteint les plus hauts prix dans les ventes publiques (6.300 fr., vente Destailleur en 1890). C'est à la fois une œuvre de genre et une charge de la vie parisienne. La légende veut que le joli cavalier qui envoie un baiser du bout des doigts soit Louis-Philippe, duc de Chartres, plus tard duc d'Orléans et roi des Français. Debucourt a voulu nous montrer, en raillant un peu, ce qu'on était convenu d'appeler le beau monde à la veille de la fuite de Varennes et de la proclamation de la République.

Les épreuves en noir sont de toute rareté. Nous en exposons une prêtée par M. Fenaille. Elle est du 1er état.

Coll. Fenaille.

602. — Même estampe.

Épreuve en couleurs du 3e état avec signature *D. B. 92.*

Cabinet des Estampes.

603. — (1792.) [**Almanach national**], dédié aux amis de la Constitution. Cette pièce, extrêmement recherchée, est gravée par un travail d'aquatinte impondérable relevé de roulette et d'eau-forte. Dans son état ordinaire avec la lettre et en couleurs elle se vendait 6 livres.

Plus tard, le portrait de Louis XVI fut remplacé par des attributs révolutionnaires.

Épreuve du 1er état.

Coll. M. Fenaille.

604. — (1795.) [**La bénédiction paternelle ou le départ de la mariée.**] Cette belle estampe est gravée à l'aquatinte dans le procédé de la *Croisée* et de la Rose mal défendue. Elle fut publiée par Depeuille. Elle fut exécutée en pleine Terreur, et l'on peut s'étonner de voir que ces gens agissent comme avant et bénissent encore. Les épreuves en couleurs sont obtenues à la poupée.

Coll. Fenaille.
Épreuve du 1er état en noir.

605. — (1795.) [**Portrait de Jean-Baptiste Debucourt.**] Portrait du fils de Debucourt à l'âge de 11 ans, coiffant un chat dont la mine est piteuse. Cette estampe fut tirée à un très petit nombre d'exemplaires et ne se rencontre jamais dans les ventes. Les couleurs sont mises à la poupée sur la planche.

Coll. Fenaille.
Épreuve en ov.

606. — (1796.) [**L'heureuse famille.**] Debucourt publiait ces estampes sur la famille à une époque où il vivait avec son fils. Sa femme était morte alors. Il a gravé cette pièce dans la manière noire avec des traits à l'eau-forte et de la roulette. Les couleurs sont obtenues à la poupée, et non par le repérage comme dans ses aquatintes du début, cependant il y a des points de repère qui indiquent une planche de couleurs.

Coll. Fenaille.
Épreuve du 1er état.

607. — (1796.) [**Jouis tendre mère !**] Estampe gravée dans la manière noire anglaise et publiée par Depeuille. Elle note un alourdissement dans la manière de l'artiste. Les couleurs sont obtenues par le procédé à la poupée, le repérage d'une planche et des touches à la main.

Coll. Fenaille.
Épreuve du 1er état.

608. — (1796.) [**Oui son arrivée fera notre bonheur !**] Une des pièces familiales du graveur après la Terreur, publiée par Depeuille comme les autres. Elle est en manière noire dans son 1er état, et l'artiste a ajouté dans les états suivants des travaux à la roulette et à l'eau-forte.

Coll. Fenaille.
Épreuve du 1er état en couleurs.

609. — (1796.) [**Minet aux aguets.**]

M. Achille Fould.
Épreuve avant la lettre, en couleurs. Très rare.

610. — (1810.) [**Je l'ai perdu là.**] Pièce unique montrant une jeune femme dans un jardin, debout de profil à gauche, en robe blanche,

appuyée contre un pilastre. Fond de paysage. La robe toute blanche est inachevée. Aquatinte.

Coll. H. Béraldi.

Épreuve du 1er état en bistre.

611. — (1804.) [**Le bien coiffé.**]

M. Louis Rémy Garnier.

Épreuve unique en couleurs.

DEMARTEAU (Gilles), l'aîné.

Gilles Demarteau était le fils d'un armurier de Liège, il vint très jeune à Paris. Il était né en 1722 et mourut en 1788 dans une maison qu'il avait acquise en face de l'hôtel de Cluny, aujourd'hui musée de ce nom. Demarteau, marié à Paris, élève de Boucher, est un parisien, en dépit de son lieu de naissance. Quant à la prétention, qu'il émettait volontiers, de la découverte du procédé au crayon, nous savons qu'il perfectionna seulement les techniques de J.-C. François de Nancy. Demarteau laissa un neveu et héritier, Gilles Antoine, qui copia sa manière et grava certaines estampes dans la manière de lavis. Le Cabinet des Estampes a acquis récemment un des cahiers de croquis de Gilles Antoine (voir *François* ci-après).

612. — (D'après Boucher.) [**Étude de femme.**] Femme nue de profil à gauche, assise sur un canapé et regardant des fleurs. Manière de crayon.

Cabinet des Estampes.

Épreuve en sanguine avant toute lettre.

613. — (D'après Boucher.) [**Le sommeil.**] Femme endormie dans un bois avec un enfant. Manière de crayon (n° 82 du cat. de 1788).

Cabinet des Estampes.

Épreuve en sanguine avant la lettre.

614. — (D'après Boucher.) [**La fille aux fleurs.**] Jeune fille penchée en avant, tenant une rose et prenant un panier de fleurs à terre. Manière de crayon (n° 101 du cat. de 1788).

Cabinet des Estampes.

Épreuve en sanguine avant la lettre.

615. — 1° (D'après Caresme.) [**Le Satyre amoureux.**]

616. — 2° [**Le Satyre refusé.**] Deux pièces en manière de crayon, en couleurs, se faisant pendant.

Cabinet des Estampes.

617. — (D'après Cochin fils.) [**La justice protège les Arts.**] Cette pièce

J. Reynolds, pinx.   F. Bartolozzi, sculp.

N° 751
COUNTESS SPENCER

est un véritable trompe-l'œil tant le procédé en est habile. Manière de crayon (n° 125 du cat. de 1788).

Cabinet des Estampes.

Épreuve en sanguine avant la lettre et avec les armoiries.

618. — (D'après J.-B. Huet.) [**Figure de jeune fille.**] Debout, de profil à gauche, jupe relevée, fanchon sur la tête, panier à la main droite. Manière de pastel.

Cabinet des Estampes.

Ép. sur papier bleu à plusieurs crayons.

619. — (D'après Le Prince.) [**La fille au masque.**] Jeune femme en toilette drapée, cheveux relevés, tenant un masque. Manière de crayon (n° 540 de 1788).

Cabinet des Estampes.

Épreuve en sanguine.

620. — (D'après J.-B. Huet.) 1° [**Madame Huet.**] Estampe gravée dans la manière de crayon que Demarteau passait pour avoir inventée. Il semble cependant que le procédé en soit dû à François de Nancy. Le portrait de Mme Huet donne l'impression d'un dessin ; c'est une pièce rare, comme la suivante.

Épreuve en couleurs.

621. — 2° [**Madame Huet jouant de la mandoline.**] Pièce dans le goût de la précédente, recherchée surtout à cause de la coiffure de la personne représentée.

Cabinet des Estampes.

Épreuve en couleurs.

DESCOURTIS (Charles-Melchior), 1753-1826.

L'un des premiers graveurs en couleurs à plusieurs planches. On appela même un moment ce procédé la manière de Descourtis ou de Janinet.

622. — 1° (D'après Schall.) 1° [**L'amant surpris.**]

623. — 2° [**Les Espiègles.**] Deux pièces en couleurs à l'aquatinte.

Cabinet des Estampes.

Épreuves avec lettre.

624. — (D'après Taunay.) [**La noce de village.**] La plus célèbre de la suite en couleurs, fort recherchée comprenant la *Noce de village*, la *Foire* *de village*, la *Rixe*, le *Tambourin*. Elle n'est réellement agréable que dans ses états définitifs en couleurs.

Épreuve avec la lettre.
Cabinet des Estampes.

625. — (D'après Taunay.) [**La Foire de village.**] Estampe gravée d'après N.-A. Taunay. C'est une des pièces les plus recherchées de Descourtis. Elle est fort rare en noir. Nous en exposons une épreuve dans ce tirage.

Voir aux miniatures et dessins, *Taunay*.
Coll. Fenaille.

626. — (D'après Taunay.) [**La foire de village.**]

Épreuve en couleurs avec la lettre.
Cabinet des Estampes.

627. — (D'après Taunay.) [**Le Tambourin.**] Estampe de la suite de 4 pièces publiée par Descourtis, graveur en couleurs, d'après Nicolas-Antoine Taunay, la plus recherchée avec la *Foire de village* et la *Noce de village*. Elle est tout à fait rare et presque introuvable dans le tirage en bistre que nous exposons ici.

Coll. Fenaille.

FRANÇOIS (JEAN-CHARLES), 1717-1769.

Né à Nancy en 1717, mort à Paris en 1769. C'est lui qui découvrit la manière de crayon, et le lavis au pinceau, et de lui que procèdent les graveurs en aquatinte. Comme il arrive souvent, les noms de ses imitateurs ont éclipsé le sien. Ses premières tentatives de gravure en manière de crayon avaient eu lieu à Lyon, comme il l'explique lui-même dans un de ses ouvrages. Ses procédés au lavis étaient définitifs dès 1758. Une de ses premières planches en manière de crayon était dédiée à la reine Marie-Leczinska.

628. — (D'après Boucher 1758.) [**Essai de lavis.**] Cette pièce que nous reproduisons est une des premières tentatives de lavis au pinceau, elle précède de deux ans les essais de Saint-Aubin (voir ce nom). La perfection du procédé est établie par cette planche d'après Boucher, mais François, fut distancé dans le lavis par Leprince, et dans la manière de crayon par Demarteau et Bonnet.

Deux épreuves avec notes de l'artiste.
Cabinet des Estampes.

629. — (D'après Watteau.) [**Essai de crayon.**] Deux petites figures d'après Watteau, d'une perfection extraordinaire, exécutées alors que

Demarteau débutait. François raconte lui-même dans son « amour du dessein » qu'il avait fait précédemment des études sur le procédé en manière de crayon à Lyon. Cochin, ami de Demarteau cependant, reconnaît l'antériorité à François.

Épreuve en sanguine.

Cabinet des Estampes.

FREUDENBERGER ou en français FREUDEBERG (Sigmond), 1745-1801.

Bernois, graveur au trait et à l'aquatinte.

630. — [La leçon de Clavecin.] Pièce au trait coloriée avec bordure carrée, de la plus grande rareté. Le dessin original à l'encre de chine fut vendu 1.100 fr. à la vente Decloux. Eau-forte.

Épreuve du 1er état, coloriée à la main.

Cabinet des Estampes.

GAULTIER.

Graveur au pointillé.

— (D'après A. de Saint-Aubin.) [L'hommage réciproque.] Cette idylle en deux tableaux, où l'on a voulu voir les portraits de Saint-Aubin et de sa femme comporte une estampe pour le jeune homme et deux pour la femme. Le Cabinet des Estampes possède 3 états réunis de chacune. Nous exposons ici 6 états, 3 en noir et 3 en couleurs. Grav. au pointillé à l'aquatinte.

631. — 1° Le jeune homme. 1er état en noir av. toute lettre.

632. — 2° En couleurs avec la faute l'*hommagé*.

Jeune femme 1re figure.

633. — 1° En noir.

634. — 2° En couleurs.

Jeune femme 2me figure.

635. — 1° En noir.

636. — 2° En couleurs.

Bocher 409-411.

Cabinet des Estampes.

GIRARD (Romain), 1751 ?

Graveur au pointillé en couleurs.

637. — (D'après Lawreince.) [**Valmont and Preside**^{te} **de Tourvel.**] Tirée des *Liaisons dangereuses*. Gravure au pointillé d'après une gouache de Lawreince. Ep. en couleurs à la poupée.

1er état.

Coll. Fenaille.

638.. — (D'après Lawreince.) [**Mrs Merteuil and miss Cecille Volange.**] Tiré des *Liaisons dangereuses*. Pendant de la précédente. Gravure au pointillé exécutée d'après une gouache de Lawreince, et tirée en couleurs à la poupée. Destinée à l'Angleterre.

1er état.

Coll. Fenaille.

639. — 1° [**Les deux amies à l'étude.**] Pièce d'après une gouache de Mallet. Pointillé.

Épreuve du 2me état en couleurs.

Cabinet des Estampes.

640. — 2° [**Je m'occupais en attendant.**] Idem.

Mêmes remarques.

Cabinet des Estampes.

GUYOT (Laurent), 1756-1806.

Graveur à l'aquatinte, contemporain de Debucourt.

641. — (D'après Mallet.) [**La sonnette, ou le déjeuné interompue** (*sic*).]

Épreuve en couleurs avant toutes lettres.

M. Louis Rémy Garnier.

642. — (D'après Fauvel.) [**Delille.**] Portrait de l'abbé Delille, auteur des *Jardins*, en pied. Aquatinte en couleurs.

Épreuve avant la lettre et coloriée.

Cabinet des Estampes.

643. — (D'après Fragonard.) [**La Gimblette.**] Gravure au trait destinée à l'aquatinte, d'après le célèbre tableau de Fragonard. On se rend compte par cette préparation des travaux de la planche en couleurs.

Épreuve avant toute lettre.

Cabinet des Estampes.

644. — (D'après Mouchet et Sergent-Marceau.) [**Billet de visite.**] Carte de visite autrement dit. C'est une femme, avec un chien, frappant à une porte. La mode des cartes de visite historiées était assez répandue à la fin du XVIIIe s. (hauteur 0,08 cent.).

Épreuve rarissime avant toute lettre.

Cabinet des Estampes.

645. — (D'après Sergent-Marceau.) [**The magnetism.**] Pièce à l'aquatinte contre le magnétisme, pendant à *The day's folly*. Elle est signée Toyug, nom de Guyot retourné.

1° Deux états. A l'eau-forte pure.
2° — A l'aquatinte en couleurs.
Béraldi 6.

Cabinet des Estampes.

646-647. — (D'après Watteau de Lille.) [**Modes de dames.**] Deux aquatintes en couleurs d'un assez joli travail d'après le peintre Watteau de Lille qui vivait sous le règne de Louis XVI. L'une des élégantes représentées descend un escalier. L'autre tient une canne.

Épreuves avant lettre.

Cabinet des Estampes.

JANINET (JEAN-FRANÇOIS), 1752-1814.

Le véritable promoteur de la gravure à l'aquatinte à plusieurs planches avec Descourtis. Janinet était un esprit curieux et inventif. Il s'occupa d'aérostation entre temps. Ses estampes sont aujourd'hui fort recherchées et très rares dans leurs épreuves d'état. Il grava la Marie-Antoinette pour montrer que l'aquatinte pouvait rivaliser avec la manière noire de Dagoty qui avait publié dans ce dernier procédé en couleurs une effigie de la Reine presque identique.

648. — 1777. [**Marie-Antoinette.**] Ce portrait de la Reine est un des plus recherchés en dépit de la médiocrité de la gravure. C'est une aquatinte gravée par Janinet à plusieurs planches d'après un original qui paraît être le même que celui de la gravure de Dagoty. Les états avec la lettre sont déjà rares ; avec l'encadrement en or plus rares encore. Lorsque l'encadrement est mobile sur une charnière, l'estampe atteint les prix de 3 et 4000 francs. Il est sans prix dans l'état ici représenté, avant toute lettre, et avant la bordure. Les repérages de la planche, assez maladroits, ont fait glisser certains tons de l'une des planches en couleur. Il ne faut donc point considérer cette pièce comme fournissant l'une des meilleures effigies de la Reine, mais elle est unique dans cet état, et probablement l'une des premières tirées.

Épreuve ovale en couleurs. Béraldi n° 132. (La lettre des épreuves du 3ᵉ état porte : Marie Antoinette d'Autriche — Reine de France et de Navarre — née à Vienne le 2 9ᵇʳᵉ 1755 — Mariée à Versailles le 16 de May 1770. Gravée par Janinet en 1777. — Imprimé par Blin.)

Cabinet des Estampes.

649. — Autre état, avec l'encadrement mobile doré.

Offert en avril 1906 au Cab. des Estampes par le baron de Vinck.

Cabinet des Estampes.

650. — [**Rose Bertin.**] Cette dame est une Picarde venue d'Amiens, et qui après un apprentissage au « Trait Galant » devint la modiste de Marie-Antoinette à son arrivée en France (1770). C'est un personnage d'une grande célébrité, et son portrait par Janinet est certainement le meilleur que celui-ci ait gravé. On trouve rarement une marge à cette pièce qui devait être destinée à un encadrement de miniature sur une boîte.

Épreuve avec le nom de Janinet.

Coll. Fenaille.

651. — [**Mˡˡᵉ Colombe.**] Célèbre actrice de la Comédie-Italienne en 1773, nommée Marie-Thérèse-Théodora Rocomboli-Ruggieri. Ce portrait servit de pendant à celui de la Sᵗ-Huberti, et se vendait 3 livres. Non signé.

Épreuve en couleurs. Béraldi 118.

652. — En pendant. [**Mˡˡᵉ de Sᵗ-Huberti.**]

Id.

Cabinet des Estampes.

653. — [**Franklin.**] Le séjour de Franklin à Paris provoqua de la part de nos artistes une rivalité singulière. Fragonard fut dans les premiers à le représenter. Janinet grava en aquatinte cette pièce assez rare.

Épreuve avant la lettre.

Cabinet des Estampes.

654. — [**Boîtes à bonbons.**] Planche de quatre petites scènes rondes destinées à l'ornement de boîtes, et presque uniques dans cet état.

— La femme à l'ombrelle.
— Le doux entretien.
— La dame à la guitare.
— La dame au miroir.

Planche en couleurs, grandes marges.

Coll. de M. Béraldi.

655. — [**Boutons d'habits.**] Une planche de six boutons historiés destinés à être encadrés dans des boutons-médaillons et représentant des scènes galantes. Ces pièces, aujourd'hui fort rares grâce à leur destination, sont introuvables en planches.

Aquatinte en couleurs.

Cabinet des Estampes.

656. — [**Offrande à l'Amour.**]

Aquatinte en largeur.
État avant la lettre. Béraldi 59.

Cabinet des Estampes.

657. — (D'après F. Boucher.) 1° [**L'Amour rendant hommage à sa mère.**]

Aquatinte ov. en couleurs. Béraldi 2.

658. — 2° [**Vénus en réflexion**], d'après Charlier.

Aquatinte ov. Béraldi 14.

659. — 3° [**Le sommeil d'Ariadne**], d'après Charlier.

Aquatinte ov. Béraldi 16.

660. — 4° [**Vénus désarmant l'Amour.**]

Aquatinte en couleurs. Béraldi 16.

Cabinet des Estampes.

661. — (D'après Dutertre.) [**Mme Dugazon.**] Elle est dans son rôle de *Nina* ou la Folle par amour. Dutertre auteur de ce portrait est le futur dessinateur de l'Expédition d'Égypte.

Épreuves en couleurs avant la lettre. Béraldi n° 123.

Cabinet des Estampes.

662. — (D'après Dutertre.) [**Mlle Contat.**] C'est la comédienne qui créa le rôle de Suzanne du *Mariage de Figaro*, et finit par épouser le chevalier de Parny, neveu du littérateur Parny. Elle est représentée dans son

rôle du *Mariage de Figaro*, acte II, scène 17. « Tuez-le donc, ce méchant page ! »

Aquatinte en couleurs. Épreuve avant lettre. Béraldi 119.

Cabinet des Estampes.

663. — (D'après C. Eisen.) 1° [**Joseph et Zaluca.**]

664. — 2° [**Tarquin et Lucrèce.**] Deux pièces en couleurs se faisant pendant, fort rares aujourd'hui. On a là une idée de l'antiquité interprétée par les graveurs du XVIIIe s.

Aquatintes en couleurs du 1er état avant la lettre. Béraldi 23-24.

Cabinet des Estampes.

665. — (D'après Hoin, 1787.) [**Nina.**] Pièce représentant l'actrice Louise Rosalie Lefèvre, connue sous le nom de Dugazon, actrice de la Comédie Italienne en 1776. Elle est dans son rôle de *Nina* ou la Folle par amour. Cette estampe est rare dans ses premiers états, mais les tirages postérieurs ont plus d'éclat (voir aux miniatures, *Hoin*).

Aquatinte en couleurs publiée chez Janinet, 5, rue Hautefeuille. Épreuve du 3e état avant toute lettre en couleurs.

M. Achille Fould.

666. — 2°

Épreuve du 3e état.

Cabinet des Estampes.

667. — (J.-B. Huet.) [**Louis XVI et Marie-Antoinette.**] Portrait du roi et de la reine de profil et se faisant face, dans un encadrement de rubans gravés par Janinet et tirés en couleurs. Les portraits par J.-B. Huet.

Épreuve sur satin dont on ne connaît que trois exemplaires. Celui-ci a été offert au Cabinet des Estampes par le baron de Vinck en avril 1906. Il est avec la planche d'or.

Cabinet des Estampes.

668. — (D'après Huet, 1781.) [**Les sentiments de la Nation.**] Pièce publiée à l'occasion de la naissance du dauphin, le 22 octobre 1781. Louis XVI, la reine et le dauphin sont représentés dans un encadrement de fleurs et de couronnes.

Épreuve en couleurs avant la lettre : « Pour la naissance... etc. ».

Musée du Louvre.

J. Reynolds. Fr. Bartolozzi.

N° 752

SPRIGHTLINESS

669. — (D'après Lawreince ?) [**La joueuse de guitare.**] Estampe inédite, destinée croit-on à faire partie de la célèbre suite d'estampes d'après Lawreince. Elle est en manière noire, et on l'a tirée au revers de la *Comparaison,* ce qui paraît démontrer le bien fondé de l'opinion émise ci-devant.

Épreuve d'état en noir. Non publiée
et inconnue.

Coll. Fenaille.

670. — (D'après Lawreince.) [**La comparaison.**] Pièce de la suite en couleurs, d'après Lawreince.

Épreuve du 3e état. Béraldi.

Cabinet des Estampes.

671. — (D'ap. Lawreince, 1787.) [**L'aveu difficile.**] 1° Estampe de la suite gravée par Janinet d'après Lawreince.

Épreuve avant la lettre et en couleurs. 1er état.

Coll. Fenaille.

672. — 2°

Épreuve du 2e état.

Cabinet des Estampes.

673. — (D'ap. Lawvreince.) [**L'Indiscrétion.**] Estampe de la célèbre suite gravée en couleurs par Janinet, d'après Lawreince, et qui renferme l'*Aveu difficile*, la *Comparaison* et la présente pièce. Une autre estampe, la Joueuse de guitare restée inachevée et non publiée, devait prendre rang dans cette série.

Épreuve en couleurs avant lettre.

674. — 2°

Autre épreuve en noir.

Coll. Fenaille.

675. — (1887.) [**L'Indiscrétion.**]

Épreuve en bel état de couleurs. Édit. définitive. 3e état.

Cabinet des Estampes.

676. — (D'ap. Lawreince.) 1° [**Le déjeuner en tête-à-tête.**]

677. — 2° [**L'ouvrière en dentelles.**] Deux pièces gravées à l'aquatinte en couleurs d'après Lawreince, d'une rareté extrême. On les trouve quelquefois en noir.

Épreuves en couleurs (voir *Lawreince,* aux dessins.)

Coll. Fenaille.

678. — (D'après Lawreince.) [**Le petit conseil.**] Jeune femme écrivant et demandant conseil à une autre. Pièce rarissime.

Épreuve en couleurs non signée.

Coll. de M. H. Béraldi.

679. — (D'après Lawreince.) 1° [**Pauvre minet que ne suis-je à ta place.**] Estampe rare, dont le sens n'est pas d'une très grande limpidité. Nous exposons ici une épreuve d'essai de cette aquatinte, à son second repérage.

1° Épreuve d'essai.

680. — 2°

Épreuve définitive. Béraldi n° 43.

Cabinet des Estampes.

681. — (D'après Lemoine.) [**Mlle Duthé.**] Portrait exécuté par le miniaturiste Lemoine, d'après la sémillante Catherine-Rosalie Gérard, de son nom de guerre Rosalie Du Thé. L'estampe gravée par Janinet est une des plus recherchées des gravures en couleurs. Elle est d'une tonalité harmonieuse, mais on la rencontre à peu près toujours rognée et réappliquée dans un cadre jaunâtre.

Épreuve rapportée dans son cadre. Béraldi n° 124.

Cabinet des Estampes.

682. — (D'après Pellegrini.) [**Les Trois Grâces.**] Cette estampe passe à bon droit pour l'une des plus réussies de Janinet. Mais en bon traducteur du XVIIIe siècle, il transpose les styles, et des belles italiennes de Pellegrini il façonne des nymphes à la mode de Boucher. Originairement, les Grâces sont sans voiles, mais dans les états postérieurs, Janinet dut ajouter une guirlande pudique. Nous exposons ici cette estampe célèbre dans ses deux états, avant et après la guirlande de roses.

Épreuve du 1er état.

683. — 2°

Épreuve du 2e état. Béraldi n° 60.

Cabinet des Estampes.

684. — (D'après Alexandre Wille.) 1° [**La noce de village.**]

685. — 2° [**Le repas des moissonneurs.**]

Deux épreuves en couleurs.

Musée du Louvre.

JUBIER, travaillait à Paris de 1760 à 1770.

    Graveur au trait et à l'aquatinte, collaborateur de Longueil dans ce dernier procédé. Il était élève de L. Marin Bonnet.

686. — (D'après Antoine Borel.) [**Le Retour à la vertu.**] Scène galante, cavalier en habit rouge et une dame sur un canapé, sous un dais. Pièce extrêmement rare, de Jubier.

                              Avant toute lettre, noms inscrits à la pointe. Aquatinte et manière de crayon. Publié par Longueil, et à rapprocher des *Dons imprudents*.

Cabinet des Estampes.

687. — (D'après Mallet.) [**Le modèle.**] Pointillé, manière de crayon en couleurs d'après un dessin de Mallet. Très rare.

                                Épreuve avant toute lettre.

Cabinet des Estampes.

LE BLON (JACQUES-CHRISTOPHE).

    Graveur en manière noire à plusieurs planches, né à Francfort, en 1670, de parents français, mort à l'hôpital en 1741. Il passe pour être l'inventeur du procédé de gravure en couleurs à plusieurs planches, mais on doit tenir compte des recherches antérieures d'un hollandais nommé Lastman. Son procédé fut continué à Paris par les Dagoty, et à Londres par Taylor, mais il reste le maître, et le plus heureux, témoin la planche du Louis XV qui est d'une réussite parfaite, et qui laisse bien loin les Dagoty ses imitateurs.

688. — [**Louis XV.**] Portrait du roi en grand costume bleu. Ainsi qu'il arrive presque toujours à l'origine de ces inventions, Le Blon tentait de pasticher la peinture, comme Gutenberg d'imiter les manuscrits. La Bibliothèque nationale possède deux épreuves du Louis XV. L'une d'elle est vernie et paraît une peinture à l'huile. Celle-ci est vierge et dans un état de conservation parfaite. Elle provient du graveur Ponce en 1831.

                                Manière noire en couleurs.

Cabinet des Estampes.

LECŒUR (Louis), 1790-1810 (dates des travaux).

    Éditeur et graveur entre 1790-1810. Aquatinte en collaboration avec divers.

689. — (D'après G. Morland.) [**La visite à la nourrice.**] L'anglomanie commença en France d'assez bonne heure, et les artistes français

copièrent certaines estampes anglaises sans beaucoup de bonheur (voir le *Moraliste* par Chapuy).

Épreuve du 2me état en couleurs.

Cabinet des Estampes.

690. — (D'après Mouchet.) [**Les chagrins de l'enfance.**] Aquatinte en couleurs, rare. Recherchée à cause du costume de la femme.

Épreuve avec la lettre.

· Cabinet des Estampes.

LEGRAND (Augustin), dit Denargle, vers 1740, — ap. 1797.

Graveur en pointillé et à l'aquatinte. Travailla pour L. Marin Bonnet.

691. — (D'après Huet), vendu chez Bonnet. [**L'amant pressant.**] Pièce recherchée quoique assez lourde. Pointillé et manière de crayon.

Épreuve du 2me état en couleurs.

Cabinet des Estampes.

LEVACHEZ fils.

Graveur à l'aquatinte entre 1780-1820.

692. — (D'après Carle Vernet.) [**Napoléon premier empereur des Français.**]

Épreuve en couleurs.

Cabinet des Estampes.

LONGUEIL (Joseph de), 1733-1792.

Graveur au burin et à l'aquatinte, réputé comme aquafortiste et graveur de vignettes.

693. — (D'après Borel.) [**Les dons imprudents.**] Une jeune femme coupe une mèche de cheveux à un galant.

Épreuve en couleurs avant la lettre à rapprocher du *Retour à la vertu* de Longueil. Voir *Jubier*.

Cabinet des Estampes.

MÉNAGER.

Graveur au pointillé, né en France.

694. — (D'après C. Monnet pour le compte de Picot à Londres.) [**Maternal cure.**] Cette pièce exécutée dans le goût anglais par deux

Français pour l'éditeur Picot établi à Londres, montre les rapports entre les deux pays à l'époque voisine de la Révolution, quand tout était à l'anglomanie en France.

Épreuve du 2e état.

Cabinet des Estampes.

MIXELLE.
Graveur en manière de crayon et en aquatinte, collaborateur de Bonnet.

695. — (D'après Baudouin.) [**Le désir amoureux.**] Pièce à l'aquatinte, lourde et assez médiocre, mais recherchée.

Épreuve du 2e état.

Cabinet des Estampes.

696. — (D'après Garneray.) [**Le roman.**] Femme lisant devant sa cheminée, et ayant près d'elle un chat. Aquatinte.

Épreuve en couleurs du 1er état.

Coll. de M. H. Béraldi

697. — (D'après Lawreince), 1787. 1° [**Le joli petit serin.**]

Épreuve du 2e état.

698. — 2° [**La petite guerre**] ou (*Jamais d'accord !*)

Épreuve du 2e état.

(Voir *Lawreince* aux dessins.)
Copies de la gravure de Denargle (Legrand)
avec des différences dans le mobilier. Voir
Journal de Paris. 16 mars 1777.

Cabinet des Estampes.

699. — (D'après Peters William.) 1° [**Les Joueurs**] (*The Gamesters* de Ward, 1786). Pièce gravée à l'aquatinte d'après une manière noire de Ward sur un dessin de Peters.

Épreuve du 2e état.

700. — 2° [**La diseuse de bonne aventure**] (*The Fortune teller* de Ward). Mêmes remarques. Constatations de l'anglomanie qui commençait.

Épreuve du 2e état.

Cabinet des Estampes.

PAROY (Jean-Philippe-Guy le Gentil, Mis de), 1750-1824.
Peintre graveur à l'aquatinte, amateur.

701. — [**Allégorie sur la Guimard?**] Petite pièce ronde finement gra-

vée montrant une dame en poule que deux coqs, l'un en officier, l'autre en magistrat, assiègent.

Épreuve en couleurs avant la lettre.

Cabinet des Estampes.

702. — (D'après L. de France de Liège.) [**Caverne de voleurs.**] Scène de brigandage. Aquatinte en couleurs.

Épreuve avant la lettre.

Cabinet des Estampes.

703. — (D'après Mme Vigée-Lebrun.) 1° [**Portrait de Mme Vigée.**] En grand chapeau à plumes, tenant sa palette. Aquatinte.

Médaillon avant la lettre.

704. — 2° [**La fille de Mme Vigée.**] Elle est debout devant son piano.

Médaillon avant la lettre.
Deux états rares.

Cabinet des Estampes.

PETIT (Simon), 1794.

705. — [**Lisez le Journal.**] Pièce en couleurs tirant son intérêt de ce fait très rare en imagerie : le jeune homme y porte « le costume de citoyen libre » imaginé par David.

Épreuve rarissime au pointillé en couleurs, publiée le 5 mai 1794.

M. Louis-Rémy Garnier.

REGNAULT (Nicolas-François), 1746-
Graveur au pointillé et en couleurs.

706. — (D'après Baudouin.) [**La baignoire.**] Cette pièce est une des rares gravées en couleurs d'après l'exquis maître Baudouin, gendre de Boucher. Elle a pour pendant le *Lever* que Regnault a dessinée et gravée. Elle est à l'aquatinte et tirée en couleurs.

Épreuve en couleurs avant la lettre,
têtes à la pointe.

Coll. Fenaille.

707. — [**Le baiser à la dérobée.**] Pièce d'un fini et d'une distinction remarquables gravée au pointillé.

Épreuve en noir avant la lettre.

Coll. de H. Béraldi.

708. — [**Le lever.**] Cette pièce fort rare a été dessinée et gravée par Regnault pour faire pendant à la *Baignoire*. Elle est à l'aquatinte et tirée en couleurs.

Coll. Fenaille.

Épreuve avant toute lettre, en couleurs.

RUOTTE (Louis-Charles), 1754-1806.
Graveur à l'eau-forte et au pointillé.

709. — (D'après Danloux.) [**La princesse de Lamballe.**] Estampe gravée au pointillé par Ruotte dans le goût de celui de Marie-Antoinette par le même artiste. La princesse n'était pas la jolie personne qu'un certain portrait, couronné de roses, a accréditée. (En pendant, le portrait de la Reine.)

Cabinet des Estampes.

Épreuve avant la lettre, dans un médaillon ovale.

SAINT-AUBIN (Augustin de), 1736-1807.
Peintre graveur, a essayé de tous les genres. Il fut l'un des premiers à employer le lavis à l'aquatinte et au pinceau, mais sa grande célébrité vient de ses admirables compositions originales.

710. — (1760.) [**Le goût.**] Suite de six planches, dont deux pour l'*ouïe*, consacrées aux cinq sens. C'est une des plus gracieuses séries du célèbre graveur, en imitation de dessins à la sépia. Nous exposons ici deux états de chacune, l'eau-forte pure au trait avec annotations et signatures autographes de Saint-Aubin, et retouches au crayon ou à la sanguine. Toutes ces estampes ont été minutieusement décrites par M. Emmanuel Bocher dans son *Catalogue de l'œuvre de Saint-Aubin*.

1er état, eau-forte pure. A l'encre, de la main de Saint-Aubin. *A. de Saint-Aubin 1760.* Visage ombré au crayon.

711. —

2e état. Épreuve aquatintée à la sépia, retouches au crayon de la main de l'artiste.

Bocher 364.

Cabinet des Estampes.

712. — [**La vue.**]

1er état. Eau-forte pure datée à l'encre *1760*.

713. —

2e état. Tirage sépia, retouché à la sanguine par Saint-Aubin.

Bocher 360.

Cabinet des Estampes.

714. — (1760.) [**L'ouïe.**] Saint-Aubin a gravé deux planches de l'*ouïe*.

Première planche.

1er état. Eau-forte pure. Signature autographe et date.

715. —

2e état. Épreuve tirée en sépia, retouches à la mine de plomb.

Bocher 361.

Deuxième planche.

716. —

1er état. Eau-forte pure signée autographiquement et datée.

717. —

2e état. Épreuve en sépia retouchée.

Bocher 362.

Cabinet des Estampes.

718. — (1760.) [**L'odorat.**]

1er état. Eau-forte pure, signée à l'encre *A. de Saint-Aubin inv. et sculp. 1760.*

719. —

2e état. Très peu différent, signé à l'encre.

720. —

3e état. Épreuve aquatintée à la sépia. Au-dessous du trait *L'odorat*, au crayon, de la main de l'artiste.

Bocher 363.

Cabinet des Estampes.

721. — (1760.) [**Le Tact.**]

1er état. Eau-forte pure signée à gauche au-dessous du trait carré, *A. de Saint-Aubin, inv. et sculp. 1760.*

J. Reynolds, pinx. F. Bartolozzi, sculp.

Nº 753
LADY SMITH

722.

2ᵉ état. Tirage sépia. Retouches à la mine de plomb. Sur le livre posé sur la table au crayon noir, de la main de l'artiste : *Traité du bon sens.*

Bocher 365.

Cabinet des Estampes.

SERGENT-MARCEAU (Antoine-François), 1751-1847.

Peintre graveur, aquatintiste, mari d'Emira Marceau, sœur du général Marceau. Il dessina et peignit. Il fit même des miniatures? (voir aux miniaturistes *Sergent-Marceau*).

723. — (D'après J.-S. Duplessis.) [**Monsieur.**] C'est le portrait du comte de Provence, depuis Louis XVIII, d'après la peinture de Joseph Siffrein Duplessis, conservée à Chantilly. C'est une des pièces les plus agréablement gravées par Sergent, en aquatinte en couleurs.

Cabinet des Estampes.

724. — (Dess. et grav. 1783.) [**The Days' folly.**] Pièce satirique sur les aérostats nommée aussi « mon pauvre oncle ! » C'est un vieillard gonflé qui manque de s'envoler par la fenêtre. Aquatinte.

Deux états. A l'eau-forte pure.
— Aquatinte en couleurs.

Béraldi 6.

Cabinet des Estampes.

725. — (Dess. et grav.). [**Le royal allemand aux Tuileries.**] Pièce figurant dans les « tableaux des Révolutions de Paris depuis 1789 ». Aquatinte.

Épreuve en couleurs avant la lettre.
Béraldi 14.

726. — [**Le peuple parcourant les rues.**] Mêmes remarques.

Cabinet des Estampes.

727. — [**Marceau.**] Portrait du général Marceau, beau-frère de Sergent-Marceau qui avait épousé Emira, sœur du général. Marceau est représenté dictant un ordre. Aquatinte à plusieurs, tous d'une importance exceptionnelle (voir aux dessins et miniatures, *Sergent*).

Épreuve avec lettre.

Cabinet des Estampes.
Exposition du XVIIIᵉ siècle.

728. — (1808.) [**Emira Marceau-Sergent.**] Portrait de la sœur du général Marceau, Marie, dite *Emira* Marceau. Ce portrait fut gravé pendant l'exil de Sergent en Italie, à Venise en 1808. C'est l'exemplaire encadré dans la famille de Sergent. Emira née en 1754 à 54 ans. Elle avait épousé le graveur Sergent.

Épreuve rarissime.

Cabinet des Estampes.

729. — (1795.) [**Marie-Thérèse-Charlotte.**] Portrait de Madame Royale, depuis duchesse d'Angoulême, gravé en couleurs par A. Sergent-Marceau lors de l'échange de la princesse avec les plénipotentiaires de Rastadt. Publié a Bâle par Christian de Mechel.

Épreuve en couleurs avant la lettre.

Colonel de La Villestreux.

730. — [**Le bouquet défendu.**] (**Jeune officier cherchant à prendre une rose.**] Cette très délicate pièce en couleurs a été gravée par Sergent. Dans ces états, cette estampe est introuvable.

731.

1° Eau-forte pure.
2° État en couleurs avant la lettre.
Béraldi 7.

Cabinet des Estampes.

VAN GORP (Henri-Nicolas), travaillait 1780-1820.

Peintre et graveur à l'eau-forte et en couleurs.

732. — (D'après Mallet.) [**Le déjeuner de Fanfan.**] Pendant de *Ah ! qu'il est joli !* Pièce très rare et fort recherchée en cet état.

Épreuve avant la lettre en couleurs.

Coll. de M. H. Béraldi.

VIDAL (Géraud), 1742-?

Graveur à l'aquatinte et au pointillé, vignettiste.

733. — (D'après Lawreince.) [**Le déjeuner anglais.**] Pendant de la *Leçon interrompue* ; petite scène assez agréable.

Épreuve du 3e état.

Cabinet des Estampes.

ESTAMPES

PROCÉDÉS ANGLAIS

Pour répondre au programme que nous nous sommes proposé, et afin d'établir mieux la comparaison entre les diverses techniques, nous n'avons admis pour les estampes anglaises que la *manière noire* et le *pointillé*, tirés ou non en couleurs.

Manière noire. — Les Anglais disent *mezzotinto*. C'est la méthode de graver qui consiste à balancer à la surface du métal un outil nommé berceau, lequel produit par ce balancement une série d'érosions répétées dont l'effet serait de donner à l'impression une surface d'un noir uniforme. On obtient sur cette préparation préalable, nommée *cradle* par les Anglais, des éclaircies, des blancs, des demi-teintes et des noirs suivant qu'on écrase plus ou moins le grain (cradle) avec un brunissoir. Ce procédé qui évite les lignes, les *sertis* du dessin en usage dans l'eau-forte et le burin, donne à l'estampe un velouté, une harmonie très douce à l'œil.

Les légendes reportent l'honneur de cette invention à un officier au service du Landgrave de Hesse, Louis de Siegen. De celui-ci la pratique passa, dit-on, au célèbre prince Rupert qui la lança en Europe, et forma de nombreux imitateurs, tant en Hollande, en Allemagne qu'en Angleterre et en France.

Mais ce furent les Anglais qui, n'ayant ni traditions d'art, ni école de burinistes, adoptèrent la mezzotinte, et la portèrent, dès le commencement du XVIIIe siècle, à son maximum d'éclat.

Le pointillé. — C'est le stipple style, la manière de Bartolozzi, le procédé rapide qui comportait des techniques diverses où l'on employait les grains d'aquatinte, les pointillés au burin, la roulette, et qui donnait aux estampes produites un aspect doux et nuageux d'un effet assez agréable.

L'École anglaise de 1750 à 1820 ne connut guère d'autres moyens pratiques. C'est de ces deux procédés mécaniques et assez bornés que les grands artistes anglais tirèrent les estampes dont l'importance et la valeur se sont accrues du discrédit où elles étaient autrefois tombées. Ce dédain en effet provoqua des destructions, et les disparitions contribuèrent à rendre plus recherchés les survivants du désastre, lorsque les snobismes contemporains se prirent à les distinguer. The « English folly », comme on dit, l'engoûment de nos voisins, qui se double, dit-on, d'une question de nationalisme particulier, a monté les épreuves de ces anciennes estampes à des taux invraisemblables. On a vu des exemplaires atteindre dans des ventes 20, 25, et même 30.000 francs prix ordinairement réservés aux plus illustres eaux-fortes de Rembrandt.

Le Cabinet des Estampes de Paris doit d'en posséder un assez beau choix à la prescience avisée de l'un de ses anciens conservateurs, M. Duchesne aîné, qui dans la première moitié du xixe siècle put se procurer un lot considérable d'épreuves d'après Reynolds pour quelques cents francs. A cette heure les mêmes pièces atteindraient en vente publique plus du million. Celles d'entre elles que nous exposons sont en majorité des doubles ou des états. Mais les plus grandes raretés que renferme notre Cabinet échappent à notre programme. Elles sont de la fin du xviie et du commencement du xviiie. Certaines sont uniques et ne sont pas au British Museum.

Couleurs. — C'est le Français Le Blon, réfugié à Francfort-sur-le-Mein, qui imagina des combinaisons de planches pour les tirages en couleurs. Les Anglais ne le suivirent que rarement ; ils se contentèrent pour les tirages polychromés d'un encrage à la *poupée*, c'est-à-dire au tampon sur la planche unique. Ils faisaient sur cette planche une aquarelle répétée à chaque passage sous la presse, mais ce moyen un peu restreint, outre qu'il était d'un revient plus élevé, ne produisait pas les effets veloutés des impressions à plusieurs planches que nous retrouvons chez les Français Janinet, Debucourt ou Sergent.

Une singularité des goûts anglais modernes sur le fait d'impressions en couleurs veut que le portrait en manière noire soit surtout recherché dans ses tirages en noir ou en bistre ; au contraire on n'estime les sujets de genre au pointillé que publiés en coloris.

PROCÉDÉS ANGLAIS

ARDELL (James Mac).

    Né à Dublin en 1710, mort à Londres en 1765. Un des meilleurs mezzotintistes de l'Angleterre. Pour son œuvre et celle des artistes qui suivent, consulter Smith, *British Mezzotinto Portraits*.

734. — (D'après Hudson.) [**Mary duchess of Ancaster**], 1757. Manière noire d'une grande élégance représentant Mary Panton, duchesse d'Ancaster, dans un costume de bal masqué de 1757. Cette pièce nous montre que Thomas Hudson était un élève médiat de Peter Lely, par Kneller son maître. Lui-même fut maître de Reynolds. On peut rapprocher l'estampe gravée d'après lui, représentant sa fille *Miss Hudson*, dans un « Van-Dyck dress » (voir ci-après, *Faber*).

                                                                        Épreuve du 2e état.

    Cabinet des Estampes.

735. — (D'après Liotard.) [**Miss Lewis.**] C'est la pièce connue sous le nom de la « Belle Liseuse » qui représenterait, non pas Miss Lewis, mais Mlle Lavergne, nièce du peintre Liotard.

                                                                        Épreuve du 1er état.

    Cabinet des Estampes.

736. — (D'après Allan Ramsay.) [**Inconnue.**] Femme en costume travesti de 1750 environ.

                Épreuve avant la lettre mais avec les noms d'artistes. 2e état.

    Musée du Louvre.

737. — (D'après Reynolds. 1762.) [**Frances Ann Greville.**] Françoise-Anne Gréville et son frère, en Hébé et Cupidon. Elle épousa John

Crewe (voir Mrs Crewe ci-après, à Watson (Th.). John Crewe fut un des plus élégants cavaliers de Londres.

Cabinet des Estampes.   Épreuve du 2e état.

738. — (D'après Reynolds.) [**La duchesse de Marlborough.**] Portrait de Lady Caroline Russell, duchesse de Marlborough. Manière noire.

Cabinet des Estampes.   Épreuve du 1er état.

BARTOLOZZI (François).

Né à Florence en 1735, mort à Lisbonne en 1815. Un des dessinateurs-graveurs au pointillé les plus illustres. Il a gravé plus de 2.200 pièces de valeur inégale. Membre de la Royal Academy, voir son portrait ci-après à l'œuvre de J.-R. Smith, d'ap. Rigaud. Son catalogue a été dressé par M. Andrew Tuer. Bartolozzi, en dépit de son origine, est un artiste de talent anglais.

739. (D'après J.-H. Benwell. 1784.) [**Serena.**] Portrait exquis d'une anglaise, lisant à la lueur d'une bougie.

Cabinet des Estampes.   Épreuve en bistre avec la lettre.

740. — (D'après J.-H. Benwell.) [**A St Gile's Beauty.**] Pièce faisant pendant à *A St James's Beauty*, dont les épreuves sont assez recherchées. Médaillon ovale de 0,15 × 0,12.

Cabinet des Estampes.   Épreuve du 1er état.

741. — (D'après H. Bunbury. 1784.) [**Lady Ann Bothwell's lament.**] Anne pleure son enfant mort. Pointillé en couleurs.

Cabinet des Estampes.   Épreuve du 2e état.

742. — (D'après H. Bunbury. 1785.) [**Love and Honour.**] Amour et honneur. C'est un chasseur anglais, en casque à chenille qui dit adieu à sa fiancée. Pièce ronde au pointillé en couleurs, éditée par Dickinson. Le texte est au pointillé.

Cabinet des Estampes.   Épreuve du 2e état.

743. — (D'après Cosway, 1785.) [**The right honorable Harriet viscontess Bulkeley.**] (en Flore.)

Cabinet des Estampes.   Épreuve du 2e état.

744. — (D'après F. Cosway, 1783.) [**Mrs Abington.**] Portrait de la célèbre actrice couronnant un buste de Shakespeare.

            Épreuve du 1er état en sanguine.
Cabinet des Estampes.

745. — (D'après Cosway.) [**Lady Ball.**] Petit médaillon ovale de 0,05 × 0,04, d'après une miniature de Cosway, que le pointillé rend excellemment.

        Épreuve en bistre (voir *Cosway* aux miniaturistes).
Cabinet des Estampes.

746. — (D'après Angelica Kauffmann.) [**Poetry.**]? Portrait d'une jeune femme assise sur un tertre et écrivant. Médaillon ovale au pointillé.

           Épreuve en bistre avant la lettre.
Cabinet des Estampes.

747. — (D'après Th. Lawrence), 1792. [**Miss Farren.**] Élisabeth Farren ou Elisa Farren née à Cork en 1759. Elle débuta à Liverpool en 1773 puis à Haymarket en 1777. Femme remarquable par son talent dramatique, elle plut au comte de Derby, qui avait divorcé d'avec sa première femme Elisabeth Hamilton, et qui avait poussé la haine jusqu'à détruire le portrait de cette dernière peinte par Reynolds. Il épousa Elisabeth Farren en 1797, deux mois après la mort de sa première femme. L'original de ce portrait appartient au comte Vilton, descendant, par sa mère, de Miss Farren.

        Gravure au pointillé et en noir. Les épreuves en couleurs sont imprimées à la poupée, mais sont moins estimées. Épreuve avant la lettre. Très rare.
Cabinet des Estampes.

748. — (D'après Nixon), 1783. [**Georgiana dutchess of Devonshire.**] Cette épreuve du portrait de la duchesse, « reine de la Fashion » à Londres n'a d'autre mérite que d'avoir été remis au Cabinet des Estampes par Lord Spencer, son frère. Médaillon ovale.

          Épreuve avec la lettre en bistre.
Cabinet des Estampes.

749. — (D'après Reynolds.) [**Simplicity.**] Portrait de Miss Gwatkin enfant, en robe blanche et en bonnet. Pointillé.

               Épreuve du 1er état.
Cabinet des Estampes.

750. — (D'après J. Reynolds), 1787. [**Lady Elisabeth Foster.**] C'est le portrait d'une dame, devenue duchesse de Devonshire, et qui possédait une miniature de la reine Marie-Antoinette par Dumont que Mariano avait gravée et que nous exposons (voir *Mariano*).

Épreuve du 2e état de cette estampe
au pointillé.

Cabinet des Estampes.

751. — (D'après Reynolds), 1787. [**The hon^{ble} Countess Spencer.**] C'est la très jolie Lavinia Bingham, devenue femme de George Cte Spencer en 1788, et qui mourut en 1831. Elle porte un large chapeau de paille.

Cabinet des Estampes. Épreuve du 2e état en couleurs.

752. — (D'après Reynolds), 1789. [**Sprightliness.**] Sous ce titre que l'on trouve sur les états postérieurs, Reynolds a représenté l'honorable Leicester Fitz Gerald Charles Stanhope enfant. Gravure au pointillé en noir.

Cabinet des Estampes. Épreuve avant la lettre.

753. — (D'après Reynolds), 1789. [**Lady Smith.**] Cette maman au milieu de ses trois enfants est un des pointillés les plus célèbres de Bartolozzi. La dame se nomme Charlotte de Laval, elle a épousé sir Robert Smith. Coloriage délicieux à la poupée.

Cabinet des Estampes. Épreuve du 2e état en couleurs.

754. — (D'après Reynolds), 1789. [**Jane, Countess of Harrington.**] Portrait de Jane, comtesse de Harrington avec ses enfants, lord Petersham et l'honorable Lincoln Stanhope. Une des œuvres les plus célèbres de Bartolozzi au pointillé.

Cabinet des Estampes. Épreuve en couleurs.

755. — (D'après Rigaud), 1785. [**The tree favorite aerial travellers.**] Représentation d'une ascension aérostatique où sont montrés Vincent Leonardi, premier aéronaute en Angleterre ; George Biggin esquire, et Mrs Sage, la première femme anglaise qui fût montée en ballon. Pointillé au burin.

Cabinet des Estampes. Épreuve avant la lettre, en bistre.

Roslin, pinx. Bartolozzi, sculp.

Nº 756
MARIE-CHRISTINE DE SAXE-TESCHEN

756. — (D'après Roslin.) [**Marie-Christine.**] Marie-Christine d'Autriche, sœur de Marie-Antoinette, mariée au duc de Saxe-Teschen. C'est le chef-d'œuvre de Bartolozzi, surtout dans cet état en bistre clair, avant la lettre gravée.

Épreuve du 1er état.

Musée du Louvre.

757. (1789.) (D'après J.-R. Smith.) [**A lecture on Gadding.**] Très agréable pièce au pointillé.

Épreuve du 2e état.

Cabinet des Estampes.

758. — (D'après Wheatley), 1796-97. 1° [**The Water cress Girl.**]

759. — 2° [**The Country girl going a reaping.**]
Deux pièces se faisant pendant.

Épreuves en couleurs avec la lettre.

Cabinet des Estampes.

BOYDELL (John).

Graveur en mezzotinte, né à Donington, en 1719, mort à Londres en 1804. Il est l'auteur éditeur de la *Shakespeare Gallery*, à laquelle collaboraient les meilleurs artistes.

760. — (D'après un croquis de J.-R. Smith), 1776. [**Marie-Antoinette.**] Portrait de la Reine, exécuté en Angleterre, vers 1776, d'après un portrait de Dagoty. Il est gravé en manière noire, et fort rare en France.

Épreuve avant la lettre à la pointe (Lord Ronald Gower, n° 344).

Cabinet des Estampes.

BROOKSHAW (Richard).

Graveur en mezzotinte et dessinateur, né vers 1736, mort après 1804. Brookshaw travailla à Rouen et à Paris, rue de Tournon, mais son talent médiocre est anglais.

761. — (Vers 1775, à Paris.) [**Marie-Antoinette.**] Cette pièce était gravée en pendant à celui de Louis XVI. La figure est de profil.

Épreuve en tirage bistre provenant du collectionneur Laterrade, très rare dans ce tirage, et non signalée.

Cabinet des Estampes.

762. — (D'après Drouais), 1773. [**La comtesse de Provence.**] Épreuve d'une manière noire assez rare, représentant Marie-Louise de Savoie, femme du Cte de Provence, née en 1756.

Épreuve avant la lettre.

Musée du Louvre.

BURKE (Thomas).

Graveur en mezzotinte et au pointillé, né à Dublin, en 1749, mort? Élève de Dixon, il tourna sur le tard aux procédés de Bartolozzi.

763. — (D'après Angelica Kauffmann), 1782. [**Jupiter et Callista.**] Très remarquable pièce au pointillé.

Épreuve avant la lettre.

Cabinet des Estampes.

764. — (D'ap. A. Kauffmann), 1784. 1° [**Cupid disarmed by Euphrosine.**]

765. — 2° [**Cupid binding Aglaia to a laurel.**] Deux pointillés faisant pendant, ovales.

Épreuves en couleurs.

Cabinet des Estampes.

766. — (D'après Angelica Kauffmann), 1784. [**Lady Rushout and daughter.**] Cette estampe publiée par Dickinson est un des plus remarquables pointillés de l'École anglaise. C'est une pièce fort recherchée. Elle est ici dans des conditions exceptionnelles d'éclat.

Épreuve du 2e état en bistre.

Cabinet des Estampes.

DELATRE (Jean-Marie).

Né à Abbeville en 1745, mort à Fulham, en Angleterre, à 95 ans, en 1840. Passé de bonne heure à Londres, il fut un des élèves de François Bartolozzi.

767. — 1781 (D'après Angelica Kauffmann.) 1° [**Calais**], 1781. Pièce ronde au pointillé en couleur.

Épreuve du 3e état.

768. — 2° [**Moulines**], 1782 (Moulins). Estampes représentant une des scènes du *Voyage sentimental* de Sterne.

Mêmes remarques.

Cabinet des Estampes.

DICKINSON (William).

Graveur en mezzotinte, né à Londres, vers 1746, mort à Paris en 1823. Mais en dépit d'un séjour prolongé chez nous, Dickinson est un graveur anglais, élevé à l'école des graveurs de Reynolds. Pour son œuvre, consulter Smith, p. 171. Celui-ci ne mentionne pas certaines œuvres exécutées à Paris. Quelques-unes de ses estampes comme Mrs Pelham, la *Vicomtesse Crosbie*, atteignent des enchères fort élevées. Il grava aussi au pointillé.

769. — (D'après H. Bunbury.) [**Paysanne de la Maurianne.**] 1784. Pendant de la *fille de Montmélian* de Knight (n° 808).

Épreuve en couleurs. 2ᵉ état.

Cabinet des Estampes.

770. — (D'après Bunbury), 1785. [**The Gardens of Carleton House with Neapolitan ballad singers... 18th may 1784.**] Planche au pointillé, d'après le dessinateur H. Bunbury, qui a dû donner à Debucourt l'idée de ses *Promenades*.

Épreuve en noir.

Cabinet des Estampes.

771. — (D'après F. Gérard.) [**Mme de Talleyrand.**] Portrait exécuté par Dickinson, d'après l'original en pied représentant la dame Noémi Worlé, veuve de M. Grant, qui épousa Talleyrand, prince de Bénévent, ci-devant évêque d'Autun. C'est cette dame qui, ne vivant pas en communion d'idées parfaite avec son second mari, nommait l'hôtel du Prince, la « Maison Bancal » par allusion à la claudication de Talleyrand, et à la maison du crime de l'affaire Fualdès.

Épreuve avant la lettre.

Cabinet des Estampes.

772. — (D'après Angelica Kauffmann), 1782. [**Her grace the Duchess of Devonshire and viscountess Duncannon.**] Une des compositions les plus gracieuses d'Angelica Kauffmann, représentant les deux dames les plus fêtées du Peerage, toutes deux Spencer d'origine, Georgiana, duchesse de Devonshire et la vicomtesse Duncannon. Gravure au pointillé.

Épreuve du 2ᵉ état au bistre.

Cabinet des Estampes.

773. — (D'après Reynolds), 1776. [**Lady Charles Spencer.**] Ce portrait est un des rares portraits sportifs de Reynolds. La personne représentée est Mary Beauclerc, mariée à Charles Spencer, frère du duc de Marlborough (1762). Elle est en costume d'amazone, en gilet ajusté. Le cheval témoigne que ce ne sont point là les modèles ordinaires du peintre. Manière noire.

Épreuve du second état.

Cabinet des Estampes.

774. — (D'après Reynolds), 1775. [Mrs **Pelham feeding Chickens.**] Jeune femme donnant à manger à des poules et à des pigeons. Le tableau original est chez le Cte de Yarborough. Pièce recherchée à la manière noire (8531 fr., vente Blyth).

Épreuve du seul état connu, grandes marges.

Musée du Louvre.

775. — (D'après Reynolds), 1775. [**Jane, duchess of Gordon.**] Jeanne Maxwell, duchesse de Gordon en 1767 est représentée par Reynolds en costume Marie Stuart. L'original est chez le duc de Richmond. Manière noire.

Épreuve du 1er état.

Cabinet des Estampes.

776. — (D'après Reynolds.) [**Charles, duke of Rultand.**] C'est le lord lieutenant pour l'Irlande. Il est représenté en pendant à celui de sa femme Marie-Isabelle de Beaufort. Il fut marquis de Granby, puis duc de Rutland en 1779. Il porte le costume de l'ordre de la Jarretière.

Épreuve avec la lettre au pointillé.

Cabinet des Estampes.

777. — (D'après G. Romney.) [**The right hon^{ble} Lord Thurlow.**] Pièce gravée en 1800 d'après un tableau (déjà ancien alors) de Romney.

Épreuve du 2e état.

Cabinet des Estampes.

DIXON (JOHN).

Graveur en mezzotinte né à Dublin en 1740, mort à Kensington, 1780. Graveur de Reynolds. Le Cabinet des Estampes renferme plusieurs pièces de Dixon, mais rarement dans les 1ers états.

778. — (D'après Reynolds.) [**Henry, earl of Pembroke.**]

Épreuve du 1er état.
(Voir J. Watson ci-après.)

Cabinet des Estampes.

Reynolds, pinx.   Dunkarton.

N° 779
MISS HORNECK

DUNKARTON (Robert).

Graveur en mezzotinte, né à Londres en 1744. Vivait encore en 1811. Smith, p. 221.

779. — (D'après Reynolds), 1778 [**Miss Horneck.**] Cette jeune fille que nous verrons peinte par Hoppner sous le nom de Mrs Gwyn, est une héroïne de Goldschmidt, sous le nom de *Jessamy Bride*. Fille du capitaine Horneck, Mary épousa le colonel Gwyn, qui devint général. Elle est accroupie dans un parc, en costume oriental, comme la M^{se} de Camden.

Épreuve du 2e état.

Cabinet des Estampes.

EARLOM (Richard).

Graveur en mezzotinte, né à Londres en 1743, mort dans la même ville en 1823. Élève de Cipriani, il grava d'après ce maître une série de croquis. Il passa pour avoir le premier employé le pointillé dans la manière noire.

780. — (D'après Baudouin Charles), 1771. [**The exhibition of the royal Academy... in... 1771.**] Pièce intéressante pour les costumes et mœurs anglaises. Manière noire.

Épreuve du 2e état.

Cabinet des Estampes.

781. — (D'après Brandoin), 1772. [**The inside of the Pantheon.**] Intérieur du Panthéon dans Oxford road à Londres, lieu de rendez-vous et de plaisir pour les gens du monde. Manière noire.

Épreuve du 2e état.

Cabinet des Estampes.

782. — (D'après Benjamin West), 1772. [**Una.**] Portrait de Miss Hall en manière noire.

Épreuve avec les inscriptions à la pointe.

Cabinet des Estampes.

783. — (D'après Zoffany.) [**La famille royale d'Angleterre.**] Grande planche où sont représentés le roi Georges III, la reine Charlotte et leurs nombreux enfants.

Épreuve à la lettre grise.

Cabinet des Estampes.

FABER le jeune (JOHN).

Graveur en mezzotinte, né en 1684 en Hollande, mort à Londres en 1756. Faber, en dépit de son origine, est un graveur anglais. Il a gravé un nombre considérable de planches de second ordre, à une époque où l'art anglais de la manière noire n'était pas à son point définitif.

784. — (D'après T. Hudson.) [**Miss Hudson.**] La fille du peintre est représentée en travesti, avec un grand chapeau, dans un parc. Manière noire.

Épreuve avant la lettre.

Cabinet des Estampes.

FISHER (EDWARD).

Graveur en mezzotinte, né en Irlande vers 1740, mort à Londres vers 1785. Graveur de Reynolds.

785. — (D'après Reynolds.) [**Hope nursing love.**] « L'Espérance qui donne le sein à l'Amour » serait, suivant les uns, Theophile Palmer, devenue Mistress Gwatkin; suivant d'autres, Miss Morris. Manière noire.

Épreuve du 2e état.

Cabinet des Estampes.

786. — (D'après Reynolds), 1761. [**Lady Elisabeth Keppel.**] Élisabeth fille du comte d'Albemarle est représentée au moment de son mariage avec le lord Keppel (depuis marquis de Tawistock) qui se tua en tombant de cheval. Sa veuve éplorée alla mourir de chagrin à Lisbonne à 39 ans. C'est là une des premières représentations dans le genre « des duchesses » qu'ait essayées Reynolds.

Épreuve du 2e état.

Cabinet des Estampes.

787. — (D'après Reynolds.) [**The hon**[ble] **Lady Elisabeth Lee.**] Élisabeth fille de Simon comte Harcourt, mariée à William Lee, 4e baronet de Hartwell, et qui mourut en 1811.

Épreuve du 2e état.

Cabinet des Estampes.

GREEN (VALENTIN).

Célèbre graveur en mezzotinte né à Hales Howen en 1739, mort à Londres en 1813. Cet artiste est considéré comme l'un des meilleurs traducteurs de Reynolds.

Certaines pièces de sa main atteignent aujourd'hui de très hauts prix, entre autres ceux de la duchesse de Devonshire et de la duchesse de Rutland.

788. — (D'après Marie Cosway), 1783. [**Cynthia.**] Manière noire représentant la célèbre Georgiana Spencer, duchesse de Devonshire en personnage allégorique. C'est une des plus remarquables pièces de l'École anglaise.

Épreuve avant la lettre, avec les indications à la pointe, mais avant le nom de *Cynthia* bien postérieur. Publiée en janvier 1783. 1er état.

Cabinet des Estampes.

789. — (D'après Coypel ?) [**Marie de Lévis, vicomtesse de Sarsfield.**] Portrait d'une dame française de la famille de Lévis Ventadour (?) mariée au vicomte de Sarsfield en Angleterre. Elle était la bru du comte de Lucan tué en 1691.

Épreuve du seul état connu.

Cabinet des Estampes.

790. — (D'après Péronneau.) [**William Henry, earl of Rochford.**] Manière noire d'après un pastel de Péronneau.

Épreuve du 1er état.

Cabinet des Estampes.

791. — (D'après Falconet.) [**Elisabeth, lady Nuneham.**] Cette dame née en 1746 était fille de George Venable Vernon, lord Vernon en 1762. Elle fut mariée à lord Nuneham et mourut en 1826. Elle est habillée à la française.

Épreuve du 2e état.

Cabinet des Estampes.

792. — (D'après J. Gerhard Huck.) [**The lap Logs.**] Groupe de jeunes filles jouant avec des petits chiens. Manière noire.

Épreuve du 2e état.

Cabinet des Estampes.

793. — (D'après Reynolds.) [**Georgiana, duchess of Devonshire.**] C'est ici le portrait de la femme à la mode la plus célèbre de l'Angleterre au XVIIIe siècle. Fille de Georgiana Pointz et du vicomte Spencer, elle naquit en 1757 et épousa William, 5e duc de Devonshire en 1774. Gracieuse, distinguée, aimant les plaisirs, elle exerça une influence considérable à la cour d'Angleterre. Elle se piquait de ressembler à son arrière-grand'mère Sarah Jennings, femme du duc de Marlborough. Le portrait original fut peint en 1775, on l'exposa en 1776. Lord Spencer, le célèbre iconophile, frère de la duchesse, remit un exemplaire de son portrait gravé à la bibliothèque du Roi à Paris. Manière noire.

Épreuve avant lettre du 2e état.

Cabinet des Estampes.

794. — (D'après Benjamin West), 1778. [**Charlotte, queen of Great-Britain, and the Princess royal.**] La reine en costume négligé, avec la princesse royale, sœur de Georges IV.

Épreuve du 1er état.

Cabinet des Estampes.

795. — (D'après Jos. Wright), 1769. [**The air pump.**] Pièce remarquable de Green, d'après la peinture de Wright de 1768.

Épreuve du 1er état avec l'inscription et avec
les indications à la pointe. *Val. Green fecit
Londini 1769.*

Cabinet des Estampes.

GROZER (Joseph).

Graveur en mezzotinte de grand talent, large et primesautier, un des rares que l'on puisse distinguer entre les autres tenants de la manière noire, procédé équivoque et machinal. Il naquit à Londres en 1755 et mourut avant 1800.

796. — (D'après Reynolds), 1787. [**A lady and Child.**] Manière noire largement traitée et fort habile. La dame représentée est mistress H. Mackensie of Seaforth, tenant son jeune fils, dans un parc. Elle porte un grand chapeau. L'original passa à la vente Wilson.

Épreuve du 2e état.

Cabinet des Estampes.

797. — (D'après Reynolds), 1792. [**The Honble Miss Frances Harris.**] Cette charmante enfant blonde, née en 1784, est la deuxième fille de James Harris, lord Malmesbury ; elle épousa en 1815 sir Galbraith-Lowry Cole, officier très distingué, fils du Cte Enniskillen. Ce tableau passe pour être le dernier que Reynolds eût achevé.

Épreuve du 3e état. Le 2e état est de 1791
au mois de juillet.

Cabinet des Estampes.

Gainsborough, pinx.   J. Jones, sculp.

N° 805
SIGNORA BACELLI

HODGES (Charles Howard).

Peintre de portraits et graveur en mezzotinte, plus connu comme graveur ; on le dit élève de J. R. Smith. Il naquit en 1774 et mourut à Amsterdam en 1837. Il grava d'après Rembrandt et Reynolds. Il dessina et grava un portrait du maréchal Brune en France et une pièce en couleurs assez habile : « The mistress of Raphaël ».

798. — (D'après Reynolds.) [**Guardian angels.**] Portraits d'enfants sous un nom éthéré. L'estampe est une des plus aimables de Hodges, elle est ici du 2ᵉ état, mais tirée en ton. Large trait noir.

Cabinet des Estampes.

799. — (D'après Reynolds.) [**A contemplative Youth.**] Cet éphèbe contemplatif est Master Brown, et la pièce est assez recherchée dans cette coloration de tirage.

Épreuve du 2ᵉ état.

Cabinet des Estampes.

800. — (D'après Reynolds), 1785. [**Hébé.**] C'est, sous une représentation allégorique, le portrait de Miss Heywood devenue en 1777 mistress Musters. C'était une personne fort romanesque qui séduisit le prince de Galles. Elle fut la belle-mère du premier amour de lord Byron, Mary Chaworth. Manière noire (vente Blyth, 6038 f.).

Épreuve du 2ᵉ état.

Cabinet des Estampes.

HOGG (Jacques).

Graveur au pointillé élève de Smith, sur lequel on n'a aucun enseignement. Par la date de ses estampes on sait qu'il travaillait à Londres vers 1780-90.

801. — (D'après J. R. Smith), 1784. 1º [**The frail sisters.**] Les sœurs fragiles sont trois jeunes filles jouant au « berceau ».

802. — 2º [**Black, brown, and fair.**] *Brun, noir et brun clair,* jeunes filles.

Deux médaillons pendants au pointillé.

Épreuves en couleur.

Cabinet des Estampes.

HOUSTON (Richard).

Graveur en mezzotinte d'une grande réputation. Né en Islande en 1721, il mourut à Londres en 1775. Plusieurs de ses estampes sont aujourd'hui fort disputées et atteignent de très hauts prix.

803. — (D'après Reynolds), 1761. [**Maria, Countess Waldgrave, and her**

daughter.] Le nom consacré de ce tableau (qui est aujourd'hui au Musée Condé à Chantilly) est : *les deux Waldgrave*. Maria, petite-fille de Robert Walpole, née vers 1740, était mariée à James Waldgrave, allié aux Stuarts. Après la mort de son mari en 1763, elle épousa Henry duc de Gloucester. Elle fut donc à la fois mère de Elisabeth Laura Waldgrave ici représentée, et qui devint lady Chewton, et de Sophia Mathilda, cette enfant que Reynolds représenta écrasant un chien sous ses caresses (n° 896). Le tableau de Chantilly a été légué au duc d'Aumale par Françoise comtesse de Waldgrave veuve du 7ᵉ comte.

Épreuve du 2ᵉ état.

Cabinet des Estampes.

804. — 1772. (D'après Zoffany), 1770. [**James Sayer.**] Pièce fort recherchée d'un jeune homme pêchant à la ligne, que l'on nomme « The Boy fishing ».

Épreuve du 2ᵉ état.

Cabinet des Estampes.

JONES (JOHN).

Graveur en mezzotinte des plus personnels et des plus indiscutés. On lui doit des estampes d'une qualité supérieure et d'une largeur de métier vraiment extraordinaire. D'où les grands prix auxquels montent ses épreuves. Né en 1740, il mourut à Londres en 1797. Il grava Romney, Reynolds et Gainsborough.

805. — (D'après Gainsborough), 1784. [**Signora Bacelli.**] Portrait de la célèbre danseuse représentée dans un parc, esquissant un pas.

Épreuve du 3ᵉ état de cette très rare estampe.

Cabinet des Estampes.

806. — (D'après Reynolds), 1786. [**John Barker esquire.**] Portrait du célèbre armateur anglais assis à son bureau, avec un port dans l'arrière-plan. Il réalise le type le plus décisif du businessman de la fin du xviiiᵉ siècle.

Épreuve du 2ᵉ état.

Cabinet des Estampes.

807. — (D'après Romney), 1784. [**Mrs Davenport.**] Ce très remarquable portrait ne représente pas comme on l'avait pensé Charlotte Davenport l'actrice, mais Charlotte Sneyd, de Keel, mariée en 1777 à Davies Davenport de Capesthorne-hall dans le Cheshire. Davies Davenport fut membre du Parlement. Charlotte Davenport mourut à 73 ans en

1829. Elle a 27 ans dans son portrait. Ce n'est que dix ans plus tard, vers 1797, que l'actrice Charlotte Davenport vint à Londres.

Épreuve du 2e état de cette estampe très rare.

Cabinet des Estampes.

KNIGHT (Charles).

Graveur au pointillé en couleurs, élève de Bartolozzi, né en 1743, mort après 1826.

808. — (D'après Bunbury, 1784.) [**Fille de Montmélian.**] Pendant de la *fille de Maurienne* de Dickinson, d'après Bunbury. Pointillé en couleur.

Épreuve du 2e état.

Cabinet des Estampes.

809. — (D'après Stothard (Th.), 1792.) 1° [**The Landlord's family.**] Estampe faisant pendant à la suivante.

Épreuve à la lettre grise.

810. — 2° [**The tenant's family**].

Épreuve à la lettre grise.

Cabinet des Estampes.

MARIANO.

Élève de Bartolozzi, probablement vivant à Londres et non mentionné dans les biographies générales. Graveur au pointillé vers 1790.

811. — (D'après Dumont François.) [**Marie-Antoinette.**] Portrait de Marie-Antoinette, d'après la miniature de Dumont appartenant à Lady Forster (voir à Bartolozzi le portrait de cette dame). Gravure au pointillé assez rare exécutée à Londres d'après un artiste français.

Épreuve avant la lettre provenant du collectionneur Laterrade.

Cabinet des Estampes.

NUTTER (William).

Graveur au pointillé fort habile, né vers 1754, mort à Somers Town (Londres), 1802.

812. — (D'après J.-R. Smith.) [**The moralist.**] Un philosophe que l'on veut être J.-J. Rousseau, explique à deux jeunes femmes la fragilité des roses (voir *Chapuy*, École française).

Épreuve en couleurs.

Cabinet des Estampes.

PACK (Thomas), né vers 1760, mort dans le XIXᵉ s.

Graveur en manière noire, d'après Joshua Reynolds et autres peintres. Une de ses meilleures planches est Pénélope Boothby, d'après Reynolds.

813. (D'après Brown.) [**Roméo et Juliette.**] Portrait de J. George Holman acteur, et de Miss Brunton dans le rôle de *Roméo et Juliette*.

Épreuve du 2ᵉ état.
Cabinet des Estampes.

PARKER (H.)?

Graveur au pointillé de la fin du XVIIIᵉ siècle sur lequel on n'a que de vagues renseignements. Il collaborait avec Delatre d'Abbeville.

814. — (D'après Harding.) [**The merry wives of Windsor.**] Scène où Falstaff tombe dans le panier. Pointillé en couleurs.

Épreuve du 2ᵉ état.
Cabinet des Estampes.

815. — (D'après Northcote.) [**The pulse.**] Scène du *Voyage sentimental* de Sterne. Aventure de Sterne et de la « Grisette ». Pièce ronde en couleurs (voir *Delattre*).

Épreuve du 2ᵉ état.
Cabinet des Estampes.

PETHER (William).

Graveur en mezzotinte, né à Carlisle en 1731, mort à Londres vers l'année 1800.

816. — (D'après Mad. Vigée), 1777. [**Madame.**] Estampe en manière noire publiée à Londres par Boydell en 1778. Elle représente Marie-Joséphine-Louise de Savoie mariée en 1771 à Louis-Stanislas-Xavier, comte de Provence depuis Louis XVIII.

Épreuve avant la lettre.
Cabinet des Estampes.

REYNOLDS (Samuel-William).

Célèbre graveur en mezzotinte, né à Londres en 1773, mort dans la même ville en 1835. Il grava plus de 300 sujets divers d'une belle tenue.

817. — (D'après H. P. Danloux), 1801. [**Sir George Keith Elphinstone.**] Il est assez piquant de retrouver Danloux à Londres, célébrant les gloires anglaises. Danloux avait émigré. Sir G K. Elphinstone, capitaine de vaisseau, est représenté à l'attaque du Pas de Muysenburg, au Cap, en 1795.

Épreuve à la lettre grise, cotée 3 guinées en 1801.

Cabinet des Estampes.

818. — (D'après Hoppner), 1803. [**Her Grace the duchess of Bedford.**] Remarquable portrait de la princesse représentée en grande robe blanche dans un parc. C'est là une des plus grandes pièces de l'École anglaise, et l'une des plus recherchées de S. Reynolds.

Épreuve à la lettre grise.

Cabinet des Estampes.

819. — (D'après Northcote), 1800. [**Bonaparte.**] Portrait pris sur un buste du 1er consul, par J. Northcote R. A. Manière noire et pointillé.

Épreuve avant toute lettre.

Cabinet des Estampes.

RYLAND (William-Wynne).

Graveur au pointillé, né à Londres en 1732, élève de Ravenet alors établi en Angleterre. Il fut graveur de George III et éditeur d'estampes, il mourut après 1783. Il grava d'après Angelica Kauffmann.

820. — (D'après A. Kauffmann), 1776. [**Dormio innocuus...**] Deux dames chatouillent l'Amour pour le réveiller. Gravure au pointillé.

Épreuve avant la lettre.

Cabinet des Estampes.

821. — [**Domestic employements.**] Voir Tomkins pour un pendant : *Morning Employements.*

Épreuve du 2e état.

Cabinet des Estampes.

SAY (William).

Graveur en mezzotinte, né à Lukenham en 1768 et mort à Londres en 1834. Il fut le premier à substituer l'acier au cuivre dans les procédés de mezzotinte.

822. — (D'après J. Reynolds.) [**Réunion d'amateurs.**] Estampe en manière noire montrant lord William Hamilton, entouré d'amis, et assis à une table sur laquelle est un vase grec qu'il compare à un dessin d'album (le célèbre recueil de vases grecs portant son nom). Il a autour de lui sir W. Watkins Wynn, sir John Taylor, sir Payne Galwey, sir Richard Thompson, M. Stanhope, et sir Smith Neath.

Pièce non décrite par Smith. Épreuve avant la lettre.

Cabinet des Estampes.

SCHIAVONETTI (Luigi).

Graveur au pointillé dans le genre de Bartolozzi, né à Bassano en 1765, mort à Londres en 1810. Il est très estimé aujourd'hui et ses épreuves fort recherchées. Il grava plusieurs pièces de la célèbre série des cris de Londres dont le Cabinet des Estampes possède la suite complète en couleurs.

823. — (D'après Reynolds.) [**Frances, marchioness of Camden.**] Elle est dans la pose exacte que Reynolds a donnée à Miss Horneck dans le tableau gravé par Dunkarton en 1778. Pointillé.

Épreuve avant toute lettre.

Cabinet des Estampes.

SIMON (Pierre), dit le Jeune.

Graveur au pointillé, né vers 1750 à Londres, fils de Jean Simon? Employé par Boydell à la *Shakespeare Gallery*.

824. — (D'après J.-R. Smith), 1786. [**Credulous lady and astrologer.**] Une des estampes au pointillé les plus fines de l'École anglaise, à comparer aux œuvres les plus réputées de Debucourt.

Épreuve en couleurs.

Cabinet des Estampes.

SLOANE (Michel).

Graveur au pointillé sur lequel on n'a que peu de renseignements, mais qui ne manquait ni d'habileté ni de goût. Fin du xviiie s.

825. — (D'après F. Wheatly.) [**Christening.**] Grav. au pointillé.

Épreuve en couleur.

Cabinet des Estampes.

SMITH (John Raphael).

Peintre graveur à la mezzotinte et au pointillé. Artiste très remarquable, Smith rappelle Debucourt en France. Il naquit à Derby en 1750 et mourut à Duncaster, en 1812. Ses estampes, d'après Reynolds, ses pointillés originaux atteignent aujourd'hui à une très grande valeur et méritent leur réputation.

826. — 1784 (D'après H. Bunbury.) [**Expectation.**] Pièce ronde en couleurs, montrant deux jeunes femmes assises au bord de la mer, et écoutant le coup de canon tiré par un navire. La lettre à la pointe transparaît sous la lettre définitive.

Cabinet des Estampes. Épr. du 2e état.

827. — (D'après Gainsborough.) [**His Royal highness George, Prince of Wales.**] Le plus beau portrait du prince, qui devait être Georges IV, roi d'Angleterre, et dont on connaît l'existence tourmentée.

Cabinet des Estampes. Épreuve avec les indications tracées à la pointe.

828. — (D'après Hoppner), 1784. [**Sophia Western.**] Hoppner a représenté sous ce nom emprunté au roman de Fielding dans *Tom Jones*, sa propre femme Phœbé Hoppner, née Wright. Comme *miss Benwell*, de Ward, ce délicieux portrait se rapproche des œuvres de Debucourt.

Cabinet des Estampes. Épreuve en couleurs.

829. — (D'après G. Morland, 1789.) 1° [**Dressing for the masquerade.**] Morland avait refait dans son histoire d'une jeune fille un peu le *Mariage à la mode* de Hogarth. En une série de tableaux, il prenait une jeune fille dans sa ferme et la montrait dans les étapes successives d'une vie galante et infortunée. C'est ici la 4e pièce de la série.

Cabinet des Estampes. Épreuve à la lettre grise.

830. — 2° [**The tavern door.**] La jeune femme ayant une discussion avec son amant à la porte d'une taverne est chassée par lui. 5e tableau.

Cabinet des Estampes. Épreuve à la lettre grise.

831. — (D'après J. Northcote, 1785.) [**A visit to the grandmother.**] Estampe célèbre publiée le 14 mai 1785, et dont le pendant est la visite au grand-père de J.-R Smith. Manière noire tirée en noir.

Cabinet des Estampes. Épreuve avec la lettre à la pointe.

832. — (D'après Reynolds, 1777.) [**Miss Theophila Palmer.**] Reynolds idolâtrait cette nièce qu'il avait peinte donnant le sein à l'Amour, et dont il avait représenté la petite fille sous le titre de « Simplicity » (voir Bartolozzi). Elle devint Mrs Gwatkin ultérieurement.

Cabinet des Estampes. Épreuve du 2e état.

833. — (D'après Reynolds, 1783.) [**The hon**^(ble) **M**^(rs) **Stanhope.**] Une des manières noires les plus habiles de Smith.

Épreuve du 2e état.

Cabinet des Estampes.

834. — (D'après Reynolds, 1782.) [**Lieut.-col. Tarleton.**] Type décisif du jeune officier anglais au moment des guerres d'Amérique. Il porte un casque à chenille de chasseur, et il pose le pied sur un canon.

Épreuve du 2e état.

Cabinet des Estampes.

835. — (D'après Reynolds, 1784.) [**A Bacchante.**] Estampe publiée le 6 septembre 1784, et aujourd'hui des plus rares. Elle représente la célèbre Emma Lyonna devenue lady Hamilton, et qui avait débuté comme nourrice. D'abord modèle ordinaire du peintre Romney, elle fut représentée par celui-ci dans les poses les plus diverses. Depuis elle séduisit et épousa lord Hamilton et l'accompagna à Naples, où elle fit grand scandale par ses relations avec la reine, sœur de Marie-Antoinette. Elle devint maîtresse de Nelson, et mourut au commencement du xixe siècle, à Calais, dans la plus noire misère.

Les épreuves de la *Bacchante*, en couleurs, semblables à celle-ci, montent à 8.138 francs (vente Normanton).

Épreuve, lettre grise, en couleurs. L'original est à M. Camille Groult.

Cabinet des Estampes.

836. — (D'ap. Reynolds, 1787.) [**A Snake in Grass.**] Le tableau qui représente, dit-on, lady Hamilton est à la National Gallery et provient de la collection Peel. Gravure au pointillé.

Épreuve en couleurs.

Cabinet des Estampes.

837. — (D'après F. Rigaud.) [**Carlini, Bartolozzi, Cipriani.**] Portraits réunis de trois artistes italiens, dont François Bartolozzi, graveur au pointillé, l'un des plus habiles artistes de l'Angleterre. A gauche Carlini, Bartolozzi au milieu.

Épreuve avant lettre du 1er état.

Cabinet des Estampes.

838. — (D'après Walton, 1780.) [**The fruit-barrow.**] Estampe rare en manière noire, et l'une des plus élégantes de l'École anglaise, en dépit

Romney. pinx. J. Jones.

N° 807

Mrs DAVENPORT

de son titre *La brouette aux fruits*. C'est un marchand des quatre saisons qui offre sa marchandise à des enfants conduits par une élégante jeune fille, qui est la fille de Walton.

Épreuve du 1er état avant la lettre.

Cabinet des Estampes.

839. — (D'après George Romney, 1779.) [**Tayadanega.**] Manière noire représentant Joseph Tayadanega, dit le grand capitaine des six nations.

Épreuve en noir. 1er état.

Cabinet des Estampes.

840. — (1780, d'après George Romney.) [**Louisa Cathcart, lady Stormont.**] Cette pièce fut publiée le 18 mai 1780.

Épreuve du 1er état.

Cabinet des Estampes.

841. — (1771.) [**The Grisset.**] C'est la petite mercière du *Voyage sentimental* de Lawrence Sterne. Lettre grise.

Épreuve du 1er état?

Musée du Louvre.

842. — (Dess. et grav.) [**The Promenade at Carlisle house** (1781).] Cette pièce extrêmement recherchée nous montre au milieu de la composition Georgiana Spencer, duchesse de Devonshire, la femme à la mode de Londres, et son amie lady Duncannon

Manière noire.

Coll. Fenaille.

843. — (1783.) [**Charlotte at the tumb of Werther.**] Pièce ronde au pointillé en couleurs, montrant la Charlotte de Gœthe accommodée à l'anglaise devant l'urne funéraire de Werther. La lettre est à la pointe et à peine visible.

Épreuve du 1er état.

Cabinet des Estampes.

844. — (Dess. et grav. 1791.) [**A. Widow.**] La veuve est une des pièces dessinées et gravées par J.-R. Smith. Pointillé.

Épreuve avec la lettre.

Cabinet des Estampes.

845. — (Dess. et grav.), 1791. [**What you will.**] La capiteuse personne représentée est, dit-on, une des courtisanes célèbres de Londres. Smith

montre dans cette œuvre ce qu'il peut faire comme dessinateur original. Pièce rare en bon état.

Épreuve avec la lettre.

Cabinet des Estampes.

SOIRON (François P.).

On ne connaît guère cet artiste en pointillé, né à Genève en 1750, et qui dut vivre longtemps en Angleterre. Ses œuvres de genre d'après Morland sont fort estimées et recherchées (voir aux miniaturistes, *Soiron François*).

846. — (D'après George Morland), 1790. 1° [**St James Park.**] Pièce assez estimée en ovale, gravée au pointillé. Vendue 100 livres 16 shillings.

Épreuve avant la lettre.

847. — 2° **A [tea garden.]** Pendant de la précédente. Ovale au pointillé.

Épreuve avant la lettre.

Cabinet des Estampes.

SPILSBURY (Jonathan).

Graveur en mezzotinte qui travailla à Londres entre 1761 et 1810, d'après Gainsborough et d'autres. Mais il doit y avoir confusion entre lui, John et Inigo Spilsbury. Voir Smith, p. 1323.

848. — (D'après Reynolds), 1761. [**Miss Jacobs.**] Rien n'est moins sûr que ce nom. On nomme cette dame la « lady aux fleurs ». Cette pièce a ceci d'important qu'elle remporta, en 1761, le 1er prix de la Société d'encouragement de Londres. Dans l'état présent elle atteint 4.460 francs (vente Blyth).

Épreuve avant toute lettre.

Cabinet des Estampes.

SUNTACH (G.).

On ne sait rien sur cet artiste dont la carrière dut s'exercer vers la fin du XVIIIe siècle à Londres dans le procédé au pointillé.

849. — (D'après Wheatley.) [**The communion.**]

Épreuve en couleurs pendant du n° 825 ci-devant.

Cabinet des Estampes.

TOMKINS (Pierre-William).

Graveur au pointillé, élève de F. Bartolozzi, né à Londres en 1760, mort en 1840. Ses estampes, aujourd'hui fort goûtées, montent à des prix extravagant, dans leurs états avant la lettre et en couleurs. Il grava d'après Bunbury, Ansdell, Downman, Smirke, Russell, etc.

850. — (D'après Charles Ansdell.) [**Fireside.**] 1° *A l'Anglaise or the English Firiside*.

851. — 2° *A la Française, or the French Fireside*.

Deux médaillons en ovale de 0.25 × 0.19.

Cabinet des Estampes.

852. — (D'après H. W. Bunbury.) 1° [**Morning employements.**] Les occupations du matin sont exécutés au pointillé. Médaillon de 0.37.

Épreuve du 2e état.

Cabinet des Estampes.

853. — (D'après John Russell.) [**Children feeding Chickens.**] Pièce au pointillé assez rare.

Épreuve du 2e état.

Cabinet des Estampes.

WARD (James).

L'un des plus célèbres maîtres de la mezzotinte, élève de J. R. Smith. Il naquit en 1769, rue de la Tamise à Londres et mourut seulement en 1859. Il était le cadet de William Ward qui lui reste supérieur.

854. — (D'après H. Ramberg.) [**Temptation.**] On met sur ce minois de femme un nom d'actrice de Londres, mais sans preuves.

Épreuve en couleurs du 1er état.

Cabinet des Estampes.

855. — (D'après Reynolds.) [**Mrs Billington as St Cecilia.**] La célèbre cantatrice est représentée au milieu d'un concert d'angelots qui sont des portraits d'enfants.

Épreuve à la lettre grise.

Cabinet des Estampes.

WARD (William)

Le plus célèbre des mezzotinters anglais. Il était né à Londres en 1765, et mourut en 1826. Il grava surtout d'après Morland, Wheatley, Weaver, Hoppner. Une de ses planches, les filles de sir Thomas Frankland, est un pur chef-d'œuvre.

856. — (D'après Hoppner), 1785. [**Mrs Benwell.**] Hoppner, d'origine allemande, montre par ses travaux ce que peut l'influence du milieu; c'est le plus Anglais des Anglais. La personne représentée, Marie Benwell, n'est pas l'artiste peintre de la Royal Academy, mais une femme légère dont parle le *Town and country magasine* (1789, p. 98). La gravure de Ward en manière noire nous montre les Anglais rivaux de Debucourt dans le rendu des colifichets.

Épreuve en couleurs à la poupée. Extrêmement rare dans ces conditions. Un des portraits de Mrs Benwell est chez M. Camille Groult.

Cabinet des Estampes.

857. — (D'après G. Morland.) [**A visit to the child at nurse.**] Une des pièces anglaises qui rappellent le plus celles de Debucourt chez nous. « La visite à l'enfant en nourrice » est le pendant de la visite à l'École (visit to the boarding school). Réunies ces deux estampes atteignent de très hauts prix, lorsqu'elles sont en couleurs en tirage à la poupée.

Manière noire. Épreuve en couleurs.

Coll. Fenaille.

858. — (D'après Morland), 1786. [**Contemplation.**] Jeune femme en grand chapeau sous un arbre. Manière noire.

Épreuve du 2e état.

Cabinet des Estampes.

859. — (D'après Morland), 1789. [**Children bird nesting.**] Enfants dénichant des oiseaux. Manière noire.

Épreuve du 2e état.

Cabinet des Estampes.

860. — (D'après Morland), 1790. [**The Kite entangled.**] Le cerf-volant empêtré dans un arbre. Manière noire.

2e état.

Cabinet des Estampes.

861. — (D'après Morland.) [**A visit to the boarding school.**] La visite à l'École est le pendant de la visite à l'enfant en nourrice. Ce sont deux œuvres capitales, où les costumes anglais sont restés sobres.

Manière noire. Épreuve en couleurs.

Coll. Fenaille.

862. — (D'après Smith.) |**The Widow's tale.**| (2 juin 1789.) La veuve

J. R. Smith del. et sculp.

No 845
WHAT YOU WILL

qui raconte son histoire a les mains gantées. C'est un pendant à *The disaster* de Wheatley. Elle est contemporaine des plus belles œuvres de Debucourt.

Manière noire. Épreuve en couleurs à la poupée.

Coll. Fenaille.

863. — (D'après Wheatley.) [**The disaster.**] (26 juillet 1789.) Pièce en pendant à l'histoire de la *Veuve*, également gravée par Ward d'ap. J. R. Smith. Le *désastre* provient d'un oiseau envolé par faute d'un chat.

Manière noire. Épreuve en couleurs.

Coll. Fenaille.

WATSON (Caroline).

Mezzotintiste née à Londres vers 1760, morte dans la même ville en 1814. Elle était fille de James Watson, et elle gravait également au pointillé.

864. — (D'après Reynolds), 1790. [**Contemplation.**] Portrait d'Élisa Falkner, mariée au colonel Henry Stanhope. C'est un des rares portraits de Reynolds non cherchés dans le sens décoratif. Ce portrait est connu sous le nom de *La Contemplation*. Pointillé.

Épreuve du 1er état.

Cabinet des Estampes.

865. — (D'après Samuel Shelley), 1789. [**Mrs George Hay Drummond and Children.**] La miniature de Shelley qui a servi de modèle à cette gravure a permis les plus grandes finesses. Pointillé.

Épreuve avant toute lettre, et deux autres épreuves successives.

Cabinet des Estampes.

WATSON (James).

Graveur en mezzotinte d'une célébrité et d'un talent considérables, né en Irlande en 1740, mort à Londres en 1790. C'était un artiste consciencieux ; son travail le satisfaisait rarement et il le recommençait souvent.

866. — (D'après Cotes.) [**Lady Boynton.**] Fille de James Hablethwaite, mariée à Sir Griffith Boynton, 6e baronnet de Barmston, et à John Parkhurst.

Épreuve du 2e état.

Cabinet des Estampes.

867. — (D'après Falconet), 1772. [**Miss Moore as Lucinda.**] On a dit aussi que cette jeune fille au chapeau moderne était la fille de Falconet, fils du statuaire français et élève de Reynolds. Manière noire.

Épreuve avant la lettre. État non signalé.

868. — (D'après Gainsborough.) [**The duke of Argyll.**] John, duc d'Argyll, représenté en grand costume de l'Ordre, au milieu d'un parc.

Épreuve du 1er état avec les noms à la pointe.

Cabinet des Estampes.

869. — (D'après Reynolds), 1762. [**Fox et ses cousines.**] Cette scène assez médiocrement gravée représente le célèbre Fox à l'âge de 13 ans, avec ses deux cousines Sarah Lenox, fille du duc de Richmond, et Suzanne O' Brien, fille du baron Ilchester. Sarah devint lady Bunbury en 1762, puis épousa George Napier en 1781, et mourut en 1826. Suzanne deviendra lady Strangways en 1764 et mourra en 1827. Fox, né en 1749, a ici un peu plus de 13 ans. C'est Suzanne qui est à la fenêtre. Le tableau est chez le comte Ilchester.

Épreuve du 2e état.

Cabinet des Estampes.

870. — (D'après Reynolds), 1769. [**Mrs Abington.**] Manière noire dans les dimensions de la suite des duchesses (0,620 × 0,380).

Épreuve du 2e état.

Cabinet des Estampes.

871. — (D'après Reynolds), vers 1765. [**Lady viscountess Spencer and her daughter.**] Cette estampe nous montre la future duchesse de Devonshire enfant tenue par sa mère, Georgiana, lady viscountess Spencer. On connaît une autre estampe du même sujet gravée par Saint-Paul. Georgiana, la future duchesse, a cinq ou six ans.

Épreuve avant toute lettre.

Cabinet des Estampes.

872. — (D'après Reynolds), 1770. [**Mrs Bouverie and Son.**] Henriette Fawkner mariée en 1764 à Edward Bouverie, comte de Radnor, et en deuxième mariage à lord Robert Spencer. Elle tient son fils Edward, né en 1767.

Épreuve du 2e état avant le nom du personnage.

Cabinet des Estampes.

873. — (D'après Reynolds.) [**Sir Joshua Reynolds.**] Le plus grand portraitiste de l'Angleterre, né à Plynton en 1723, élève de Hudson en 1740. De 1752 à 1788, pendant 36 ans, il fit les portraits de ses plus illustres contemporains, dont la plupart figurent dans notre exposition. Il fut président de la Royal Academy de 1759 à 1789, et y exposa 240 œuvres diverses. En 1784, il remplaça Ramsay comme peintre du Roi. Son dernier portrait laissé inachevé fut celui de lady Bonchamp. Il mourut en 1792.

Épreuve du 1er état.

Cabinet des Estampes.

874. — (D'après Reynolds, 1773.) [**Ann, duchess of Cumberland.**] L'original de ce portrait appartient à M. A. de Rothschild. Il représente Ann Lutterell, duchesse de Cumberland en 1771. Elle fait partie de la célèbre suite d'estampes (de 0,60 cent. de haut, sur environ 0,40 de large) qu'on nomme les « duchesses ».

Épreuve du 1er état.

Cabinet des Estampes.

875. — (D'après Reynolds.) [**Elisabeth, duchess of Buccleugh, and daughter.**] Élisabeth Brudenell Montagu, duchesse de Buccleugh, est représentée avec sa fille et des chiens, dans un parc. Manière noire.

Épreuve du 1er état.

Cabinet des Estampes.

876. — (D'après Reynolds.) [**John Manners, Mis de Granby.**] Le marquis de Granby est représenté en colonel des Horse-Guards, avec son cheval et son heiduque nègre.

Épreuve du 1er état avec les noms à la pointe.

Cabinet des Estampes.

877. — (D'après Reynolds.) [**Catherine Bunbury.**] Elle est représentée assise comme Miss Polly Kennedy, gravée par Th. Watson. Très brillante manière noire.

Épreuve du 2e état, les noms à la pointe.

Cabinet des Estampes.

878. — (D'après Reynolds.) [**Allegro.**] Portrait de Mary, femme du général Hale, dans une représentation allégorique. Elle est un peu dans la pose de lady Crosbie. Manière noire.

Épreuve du 2e état.

Cabinet des Estampes.

879. — (D'après Reynolds.) [**Lady Stanhope.**] Griselinda Bunning mariée en 1745, à Philippe, 2e comte Stanhope, représentée sous un portique. Manière noire.

Épreuve du 1er état.

Cabinet des Estampes.

880. — (D'après Reynolds.) [**James Paine, architect, and son.**] Tous deux examinent un plan. Manière noire.

Épreuve du 1er état.

Cabinet des Estampes.

881. — (D'après Jos. Reynolds.) [**Earl and countess of Pembroke and son.**]

Épreuve du 2e état de la planche en manière noire, représentant le comte de Pembroke en costume écossais, sa femme et son fils.

Cabinet des Estampes.

882. — (D'après Reynolds.) [**La duchesse de Manchester et son fils.**] Élisa Dashwood, duchesse de Manchester, fait partie de la suite des duchesses. Elle est représentée en Diane, et son fils, le vicomte Mandeville, en Amour, dans un parc. Manière noire.

Épreuve du 2e état.

Cabinet des Estampes.

883. — (D'après Van Loo), 1766. [**Le Mis de Nangis.**] Portrait de l'ambassadeur de France en Angleterre, Claude-Louis-François de Reynier, comte de Guerchy, marquis de Nangis (1766). Manière noire exécutée en Angleterre d'après le portrait de van Loo que le marquis avait emporté là-bas.

Épreuve du 1er état.

Cabinet des Estampes.

884. — (D'après Benjamin West), 1779. [**Lady Beauchamp Proctor.**] Letitia, fille aînée de Henry Johnson, esquire, mariée à William Beauchamp, prit le nom de Proctor d'un oncle maternel. Manière noire, dans laquelle on voit Benjamin West, qui devait être plus tard influencé par David, rester dans l'esthétique de Reynolds.

Épreuve avant la lettre, inscription à la pointe. 1er état.

Cabinet des Estampes.

J. Reynolds pinx.   J. Ward.

N° 855
Mrs BILLINGTON

885. — (D'après Vigée Lebrun.) [**Marie-Antoinette.**] La quantité des portraits de la Reine publiés et vendus en Angleterre, montre la célébrité mondaine que cette princesse avait en Europe. Mais ceux antérieurs à sa mort sont les plus rares.

    Cabinet des Estampes.

WATSON (Thomas).

    Graveur en mezzotinte que n'unit aucun lien de parenté avec James Watson. Né à Londres en 1743, il mourut à la fin du XVIIIe siècle. Son portrait de lady Bampfylde, qui atteint les plus extravagantes enchères, est son chef-d'œuvre. C'est la traduction la plus fidèle qu'on ait d'une peinture de Reynolds.

886. — (D'après N. Dance), 1776. [**Henry, lord Aspley, and brother.**] Ce sont les deux fils de Henri II, comte Bathurst. Manière noire.

                                          Épreuve avant la lettre.

    Cabinet des Estampes.

887. — (D'après Drouais). [**Madame du Barry.**] Il est assez piquant de retrouver dans la gravure anglaise le portrait de la célèbre maîtresse royale. Watson l'a prise sur un portrait de Drouais, mais il a exagéré la perruque à l'anglaise, et noirci les sourcils, ce qui donne à la comtesse l'aspect d'un clown.

                                Épreuve avant la lettre. Très rare en cet état.

    Cabinet des Estampes.

888. — (D'après Reynolds), 1770. [**Lady Broughton.**] Estampe de la grande série d'après Reynolds. Maria, lady Broughton, devait se piquer de beaux-arts, car elle est représentée dans une pose solennelle un crayon à la main et un album ouvert. L'original est chez lord Berwick.

                                          Épreuve du 2e état.

    Cabinet des Estampes.

889. — (D'après Reynolds), 1771. [**Miss Polly Kennedy.**] Pose un peu théâtrale de cette très belle personne, qui élève un mouchoir au-dessus de sa tête. Manière noire.

                                          Épreuve du 1er état.

    Cabinet des Estampes.

890. — (D'après Reynolds), 1772. [**Georgiana, viscountess Spencer.**] Marguerite-Georgiana Pointz, lady Spencer, fut une des femmes les plus en vue, avec lady Sutherland et lady Northampton, vers 1761, au couronnement de Georges III. Elle fut la mère de Georgiana, duchesse de Devonshire. Reynolds l'a représentée en « Persian-dress », un doigt sur le visage. Manière noire.

Épreuve du 1er état.

Cabinet des Estampes.

891. — (D'après Reynolds), 1773. [**Mrs Crewe.**] C'est Anne-Françoise Gréville, déjà gravée avec son père par Watson en 1762. Elle épousa en 1766 John Crewe qui fut lord en 1806. Elle mourut en 1818. Elle est représentée en bergère. Manière noire.

Épreuve du 2e état.

Cabinet des Estampes.

892. — (D'après Reynolds), 1773. [**Mrs Parker.**] Fille de Thomas comte Graham, grand ami de Reynolds, elle a été peinte par Reynolds, l'année de son mariage (1769) avec un membre du Parlement John Parker. Manière noire.

Épreuve du 2e état.

Cabinet des Estampes.

893. — (D'après Reynolds), 1774. [**Henry, duke of Cumberland.**] En costume de l'ordre de la Jarretière, fait pendant à celui de la duchesse Ann Lutterel (n° 874). Gravée par James Watson.

Épreuve du 2e état, avant la planche postiche.

Cabinet des Estampes.

894. — (D'après Reynolds), 1774. [**Lady Melbourne.**] Portrait d'Élisabeth Milbanke, lady Melbourne, tenant son fils qui l'embrasse. Manière noire.

Épreuve du 1er état.

Cabinet des Estampes.

895. — (D'après Reynolds), 1777. [**Lady Bampfylde.**] Estampe d'une rareté et d'un éclat extraordinaires. Elle nous montre le graveur en manière noire, rival du peintre son modèle. En ce moment, les épreuves dans les conditions de celle-ci, ont monté jusqu'au prix invraisemblable de 23.100 francs (vente Blyth). La peinture originale n'avait pas coûté à beaucoup près autant.

Catherine Moore, ici représentée, était mariée à sir Charles Warwick Bampfylde, baronet. Les époux se séparèrent de bonne heure, et vécurent jusqu'en 1823, éloignés l'un de l'autre. A cette date, sir Charles Bampfylde fut assassiné, et avant de mourir rappela sa femme.

Elle mourut en 1832, à 78 ans, laissant un fils, lord Poltimore. Le portrait est maintenant chez M. Alfred de Rothschild.

Épreuve du 1er état, avec lettre à la pointe.

Cabinet des Estampes.

896. — (D'après Reynolds.) [**Princess Sophia Matilda... of Gloucester.**] Sophie-Mathilde est la fille de leurs Altesses Royales, le duc et la duchesse de Gloucester. Elle écrase un chien sous ses caresses.

Épreuve avec la lettre.

Cabinet des Estampes.

897. — (D'après R. Wright), 1781. [**Miss Kitty dressing.**] Cette toilette de Miss Kitting peut se comparer au portrait du fils de Debucourt. Ce sont des enfants habillant une chatte.

Épreuve du 2e état.

Cabinet des Estampes.

WILKIN (Charles).

Graveur au pointillé, né à Londres en 1750, mort en 1814. Son portrait de Mr Henry Hoare, imprimé en couleurs est un des plus haut cotés.

898. — (D'après Reynolds), 1789. [**Master Henry Hoare.**]

Épreuve en couleurs.

M. H. Béraldi.

YOUNG (John).

Célèbre mezzotintiste anglais, né en 1755, mort à Londres en 1825. C'est un artiste plein de liberté et de maîtrise, et l'un des meilleurs interprètes d'Hoppner.

899. — (D'après J. Hoppner.) [**Mrs Gwyn.**] Reynolds a déjà représenté Miss Mary Horneck, l'héroïne d'Olivier Goldschmidt, dans un parc, en costume oriental (voir *Dunkarton*, 1778). Près de 13 ans plus tard, Miss Horneck est devenue Mrs Gwyn, par son mariage, et elle fut peinte par Hoppner. C'est un très curieux portrait. Mary mourut à 87 ans en 1840. Manière noire.

Épreuve du 2e état, signée des initiales de
Young.

Cabinet des Estampes.

900. — (D'après Hoppner.) [**Mrs Bunbury.**] Pendant de Mrs Gwyn dont Mrs Bunbury est la sœur. Elle était également la fille du capitaine Kane Horneck, et elle épousa le peintre Henri William Bunbury en 1771. En

1791, date du portrait, elle a au moins quarante ans et il ne reste rien de l'héroïne de *Little Comedy* de Goldschmidt.

Épreuve du 2e état avec les initiales de Young.

Cabinet des Estampes.

901. — (D'après Hoppner.) [**The setting sun.**] Ce délicieux tableau représente trois membres de la famille Godsalc dans le parc d'Iscoyd au comté de Flint. Le soleil couchant aveugle la petite fille. En conditions exceptionnelles cette estampe, une des plus jolies de l'École anglaise, atteint le prix de 3 et 4.000 francs.

Épreuve avec la lettre, mais d'un état remarquable.

Cabinet des Estampes.

902. — (D'après W. Beechey.) [**Gipsy fortune teller.**] La Diseuse de bonne aventure forme pendant avec The Show. Deux enfants s'amusent des prédictions qu'une bohémienne fait à l'un d'eux.

Épreuve du 1er état.

Cabinet des Estampes.

PIERRES GRAVÉES

ŒUVRES DE JACQUES GUAY (1715-1787)

Camées.

Portraits.

925 Henry IV. — Sardonyx. Monture en forme de couronne de laurier, faite d'émeraudes gravées, nouée de rubans figurés par des roses de diamant.

926 Louis XV. — Même matière et même monture.

    Ces deux joyaux ont servi de fermoirs à deux bracelets de Mme de Pompadour. Ils furent légués par elle au roi.

927 Louis XV. — Même matière. Monture d'or émaillé.

    Ce camée est l'œuvre la plus célèbre et la plus importante de Guay.

928 Louis XV. — Grenat hémisphérique.

929 Louis XV. — Sardonyx entourée de brillants et montée en bague.

930 Louis XV diadémé. — Sardonyx entourée de brillants et montée en bague.

    Bague du comte de Provence (depuis, Louis XVIII), confisquée pendant la Révolution.

931 Buste de Mme de Pompadour. — Sardonyx enchâssée dans le manche d'un cachet-breloque en or émaillé, et protégée par un couvercle à ressort; le cachet est serti à la base : c'est une intaille en cornaline figurant un Amour qui porte un lis et une rose; au-dessus, l'inscription : *l'Amour les assemble* (cachet de Louis XV).

932 Bustes conjugués de Louis, dauphin de France, père de Louis XVI, et de sa femme, Marie-Josèphe de Saxe. Au-dessous, un dauphin. — Sardonyx. Monture d'or.

Allégories.

933 Minerve et la France au berceau du duc de Bourgogne. 1751. — Sardonyx.

934 Alliance de la France et de l'Autriche. 1756. — Sardonyx.

935 La France au pied de la statue équestre de Louis XV. — Agate-onyx. Monture d'or.

936 Génie cultivant un laurier. — Agate-onyx.

937 La fidèle amitié : Génie jouant avec un chien. — Agate-onyx.

Intailles.

Portraits.

938 Louis XV. — Cornaline.

939 Bustes conjugués de Louis XV et de Mme de Pompadour. — Cornaline.

940 Mme de Pompadour. — Cornaline.

941 Mme de Pompadour. 1761. — Cornaline.

942 Alexandrine Lenormant d'Étioles, fille de Mme de Pompadour. — Sardoine.

943 Marie-Antoinette. 1787. — Cornaline.

944 Le tambour-major Jacquot. 1751. — Sardoine.

Imitations de l'antique et allégories.

945 Antinoüs. — Cornaline.

946 L'Amour poursuivant un papillon, symbole de Psyché. — Cornaline.

947 L'Amour arrosant un myrte. — Chrysolithe.

948 L'Amour, assis au pied d'un terme, pressant des raisins dans une coupe. — Cornaline.

949 Offrande à Flore. — Sardoine.

950 Jeune homme et jeune fille s'enchaînant dans la même guirlande. — Cornaline.

951 Génie de la Poésie. — Cornaline blonde.

952 La France au pied de la statue d'Hygie, déesse de la santé (maladie du dauphin, 1752). — Saphir.

953 La France faisant une libation sur l'autel d'Hygie. 1752 (actions de grâces pour le rétablissement du dauphin). — Grenat.

954 La France pleurant sur le tombeau du duc d'Aquitaine, fils du dauphin (22 février 1754). — Calcédoine.

955 Mme de Pompadour, en Minerve, posant une corne d'abondance sur le tour à graver de Guay. 1758. — Calcédoine blanche.

956 Cachet de Mme de Pompadour, gravé sur trois faces : 1° L'Amour sacrifiant à l'Amitié ; 2° L'Amitié accueillant l'Amour; 3° Temple de l'Amitié où l'on voit les chiffres du roi et de la marquise entrelacés. — Topaze de l'Inde.

957 Victoire de Lawfeldt. — Sardoine blonde entourée d'une monture enrichie d'émeraudes, de roses et de rubis, figurant une couronne de laurier attachée par des rubans.

958 Préliminaires de la paix de 1748. — Sardoine dans une monture semblable à la précédente.

Ce joyau et le précédent ont servi de fermoirs à des bracelets de Mme de Pompadour.

959 Triomphe de Louis XV. — Cornaline.

960 Stèle ornée de palmes et surmontée d'un globe fleurdelisé, commémorant la victoire de Lutzelberg (le 10 octobre 1758). — Cornaline.

CAMÉES SIGNÉS PAR Mme DE POMPADOUR

961 Louis XV. Sur la tranche du cou : POMPADOUR. F. — Sardonyx montée en bague.

962 Le Génie de la Musique. Dans l'exergue : POMPADOUR F. 1752 — Agate-onyx bleue et blanche.

ŒUVRES DE JEUFFROY

Intailles.

963 Louis, dauphin de France, fils aîné de Louis XVI. 1788. — Cornaline blonde.

964 Buste de jeune femme. 1788. — Cornaline.

965 Tête de Méduse (copie d'une célèbre intaille antique, du graveur Solon). 1777. — Améthyste.

966 Méthè, divinité de l'Ivresse (copie d'une pierre antique). 1777. — Sardonyx.

967 Génie bachique dans un char attelé d'un bouc et d'un lion (copie d'une intaille de la Renaissance). 1779. — Cornaline.

INTAILLE DE MARCHANT

968 Tête de femme diadémée (fin du XVIIIe siècle). — Cornaline blonde.

PIERRES GRAVÉES D'AUTEURS INCONNUS

Camées.

969 Louis XVI. — Agate à deux couches.

970 Buste de femme, dans un costume imité de l'antique. — Sardonyx.

Intailles.

971 Louis XV, lauré. — Émeraude. Bague d'or émaillé.

972 Flamme dans une couronne de myrte et de laurier. — Onyx.

J. Reynolds.   T. Watson.

Nº 889

MISS POLLY KENNEDY

GRAVEURS ÉTRANGERS
Intailles.
CARLO COSTANZI, de Naples.

973 Buste de Catherine II, impératrice de Russie. — Calcédoine bleuâtre.

JEAN PICHLER, de Naples.

974 Buste d'un jeune satyre. — Chrysolithe.

975 Un bacchante, l'Amour, et un papillon. Allégorie tirée du mythe de Psyché. — Cornaline.

976 Pélops enlevant Hippodamie. — Cristal de roche.

977 Joueuse de lyre assise. — Jacinthe.

978 Femme honorant le buste d'Homère. — Cornaline.

LOUIS PICHLER, frère de Jean.

979 Femme adossée à un autel de Diane, jouant de la lyre (copie d'une intaille antique, du graveur Onésas). — Cornaline.

980 Tête de Canova. — Calcédoine bleuâtre.

REGA, de Naples.
Camée.

981 Buste de trois quarts d'un jeune satyre. — Cornaline blonde. Monture d'or émaillé.

Intaille.

982 Tête de jeune fille. — Sardonyx.

PASSAGLIA, de Rome.
Camée.

983 Buste de Necker. — Sardonyx.

CADRES ET MINIATURES

991-992 — Antoine Benoist. Peintre, sculpteur en cire et médailleur (1631-1717).

Chacun de ces deux cadres renferme dix médaillons peints en grisaille, ton ivoire sur fond gris, encastrés dans un bas-relief en bronze doré se détachant sur un champ bleu lapis. Le tout est entouré d'une simple moulure, également en bronze doré, formant bordure.

Les vingt miniatures sont ici la chose la plus importante. Elles ont été réparties en deux séries, consacrées, l'une aux seuls portraits de Louis XIV, l'autre aux effigies de ses proches, mais surmontées par la figure royale. Les bas-reliefs en bronze, d'une exécution si belle, à la fois ample et facile, ne sont destinés qu'à les mettre en valeur.

Ces deux reliefs constituent toute l'ornementation, qui est identique dans les deux cadres, à l'exception seulement de l'inscription du cartouche central ; sur l'un, en effet, on lit : PORTRAITS DE LOUIS LE GRAND SUIVANT SES AGES, et sur l'autre : PORTRAITS DE LA MAISON ROYALE. Cette décoration, qui est d'une grande richesse, se compose essentiellement d'un palmier accosté de deux lauriers inclinés vers lui. Au tronc du palmier, sont appendus : deux couronnes, une palme, des enseignes, des drapeaux et des armes. Au tronc des lauriers, sont fixés les dix médaillons, entourés de branches et disposés symétriquement, de manière à former deux lignes convergeant en haut vers un portrait unique et reliées à la base par un autre médaillon ; le tout combiné de façon à dessiner un triangle allongé en forme de pyramide, ayant à son sommet un portrait du roi. A terre, gisent des armes, parmi lesquelles on voit, à gauche, une peau de lion, et près d'elle une palette avec ses pinceaux, seuls attributs non guerriers, qui apparaissent ici comme la signature ou un hommage du peintre A. Benoist.

Ces petits monuments, remarquables spécimens de l'art des premières années du xviiie siècle, méritaient d'être spécialement signalés, aussi bien pour la sculpture que pour la peinture. Ils sont l'œuvre d'un seul artiste, fort réputé de son temps et très méconnu de nos jours, Antoine Benoist, qui les exécuta en l'année 1704. Toutes les grisailles sont signées par lui : A. BENOIST PINX., et lui ont d'ailleurs été déjà attribuées ; mais on s'est refusé, très à tort, à reconnaître sa main dans les bas-reliefs, bien que chacun d'eux soit également signé par lui : il se serait, dit-on, contenté d'en composer le dessin.

Quant aux miniatures, peintes, quelques-unes à crû sur rondelles en cuivre rouge, les autres sur fine toile ou plutôt sur vélin, elles ont malheureusement souffert, par suite de funestes réparations ; l'une d'elles est écaillée, celles-ci sont décollées et craquelées, celles-là jaunies par places. Mais telles qu'elles sont, elles méritent de retenir l'attention pour la délicatesse et l'extrême habileté de la touche ; pour le charme qu'elles ont conservé, aussi bien que pour l'importance qui leur a été attribuée jadis. En effet, elles ont été considérées, au moment où elles ont vu le jour, comme les plus fidèles et les meilleurs effigies du Grand Roi et de la famille royale. A ce titre, elles furent données par la « Petite Académie », souverain juge en la matière, comme modèles aux graveurs de 2e édition in-fo de l' « Histoire métallique du roi [1] », qui est, comme on le sait, une des œuvres les plus parfaites de la gravure et de la typographie françaises. C'était les préférer aux portraits peints par le dessinateur même de l'Académie, Antoine Coypel, qui était aussi premier peintre du roi ; alors que ces portraits de Coypel avaient été gravés déjà par le célèbre Edelinck et publiés dans la 1re édition, de 1702.

Après avoir rendu à Benoist ce qui lui est dû, il importe, pour le juger selon son mérite, de ne lui attribuer que ce qui lui appartient. Aussi, faudra-t-il résolument laisser de côté et retrancher de son œuvre le couronnement actuel de chaque cadre, où figure un globe terrestre entouré d'un zodiaque et surmonté d'un soleil rayonnant, avec les légendes : IN OMNIBUS IDEM et MICAT INTER OMNES. Il y a lieu de croire que cette adjonction malencontreuse fut décidée par l'Académie des Médailles et Inscriptions elle-même, désireuse de donner le plus de somptuosité possible à un tel objet, destiné au roi, et auquel manquait l'inévitable Soleil, symbole universellement reçu de la Majesté royale sous Louis XIV.

---

[1]. Le titre exact est le suivant : *Médailles sur les principaux événements du règne entier de Louis le Grand, avec des explications historiques*. Paris, 1723.

MONNAIES FRANÇAISES[1]

993 Louis XIV (1643-1715). *Pièce de 10 sols tournois, frappée à Strasbourg.* — LVD.XIV.D.G | FR.ET.NAV.REX. Buste drapé ; dessous, 1702.
℞. DOMINE. SALVVM. FAC. REGEM. (BB en monogramme). Trois fleurs de lis entourées de quatre couronnes. — Argent.

994 — *Écu aux trois couronnes, frappé à Paris.* — LVD.XIIII.D.G. | FR. ET.NAV.REX. Buste cuirassé. Sur la tranche : DOMINE.SALVVM.FAC. REGEM.
℞. SIT.NOMEN.DOMINI BENEDICTVM. 1709. Au centre, la lettre A entourée de trois couronnes et de trois fleurs de lis. — Argent.

995 — *Pièce de trente deniers, frappée à Metz.* — LVD.XIIII.FR.ET.NAV.REX. 1709. Deux L adossées, surmontées d'une couronne et entourées de trois fleurs de lis. — ℞. PIECE.DE.XXX.DENIERS. Croix cantonnée de quatre fleurs de lis. — Billon.

996 — *Demi-écu aux trois couronnes, frappé à Paris.* — Mêmes légendes et mêmes types qu'au n° 994. — Argent.

997 — *Pièce de six deniers, frappée à La Rochelle.* — LOVIS.XIIII.ROY.DE. FRANCE.ET.DE.NAV. Trois doubles L couronnées, placées en triangle et entourées de trois fleurs de lis.
℞. SIX.DENIERS.DE.FRANCE.1710. Croix fleurdelisée. — Cuivre.

998 Louis XV (1715-1774). *Écu aux trois couronnes, frappé à Paris.* — LVD.XV.D.G.FR.ET.NAV.REX. Buste cuirassé et drapé.

---

1. Toutes les pièces exposées appartiennent au Département des médailles et antiques de la Bibliothèque nationale. Les cartons fleurdelisés sur lesquels elles sont placées sont du XVIIIe siècle.

℞. SIT.NOMEN.DOMINI.BENEDICTVM·1715. Trois couronnes séparées par trois fleurs de lis. Sur la tranche : DOMINE.SALVUM. FAC.REGEM. — Argent.

999 — *Demi-écu,* dit *Vertugadin, frappé à Tours.* — LVD.XV.D.G.FR.ET. NAV.REX. Buste cuirassé et drapé.

℞. Mêmes légendes. Écu rond, aux trois fleurs de lis, surmonté de la couronne royale. — Argent.

1000 — *Double Louis* dit *de Noailles, frappé à Paris.* — LVD.XV.D.G.FR. ET.NAV.REX. Tête couronnée; au-dessous : 1717.

℞. CHRS. | REGN. | VINC. | IMP. Croix formée de quatre écus aux armes de France et de Navarre, cantonnée de quatre fleurs de lis. — Or.

1001 — *Louis à la croix de Malte, frappé à Paris.* — LVD.XV.D.G.FR. ET.NAV.REX.1718. Tête laurée.

℞. CHRISTVS REGNAT VINCIT IMPERAT. Croix de Malte, centrée de trois fleurs de lis dans un cercle. — Or.

1002 — *Écu* dit *de Navarre, émis pour 6 livres, frappé à Paris.* — LVD. XV.D.G.FR. | ET.NAV.REX. Buste lauré, cuirassé et drapé.

℞. SIT.NOMEN.DOMINI BENEDICTVM.1718. Écu couronné, aux armes de France et Navarre. Sur la tranche : DOMINE.SALVUM. FAC.REGEM. — Argent.

1003 — *Demi-écu de Navarre, frappé à Paris.* — Mêmes légendes et mêmes types. — Argent.

1004 — *Sol, frappé à Paris.* — LVDOVICVS XV.DEI GRATIA. Tête enfantine.

℞. FRANCIÆ ET.NAVARRÆ REX.1719. Écu de France, couronné. — Cuivre.

1005 — *Livre* ou *pièce de 20 sols, frappée à Paris pour la Compagnie des Indes.* — LUD.XV.D.G.FR ET.NAV.REX. Buste drapé.

℞. SIT NOMEN DOMINI BENEDICTUM.1720. Deux L adossées, surmontées d'une couronne. — Argent.

1006 — *Demi-écu de France, frappe à Paris.* — LUD.XV.D.G.FR.ET.NAV. REX. Buste lauré, cuirassé et drapé.

℞. SIT NOMEN DOMINI.BENEDICTUM.1720. Écu de France couronné. Sur la tranche : DOMINE.SALVUM.FAC.REGEM. — Argent.

1007 — *Louis aux deux L couronnées, frappé à Paris.* — LUD.XV.D.G. FR.ET.NAV.REX. Tête laurée. 1721.

℞. CHRISTUS REGNAT.VINCIT IMPERAT. Deux L adossées, surmontées d'une couronne et entourées de trois fleurs de lis. — Or.

1008 — *Double Louis dit* **Mirliton,** *frappé à Paris.* — LUD.XV D.G.FR. ET NAV.REX. Buste lauré. 1723.

℞. CHRS. REGN. VINC. IMP. Deux ℒ enlacées, surmontées d'une couronne et accostées de palmes. — Or.

1009 — *Demi-écu aux huit L, frappé à Paris.* — LUD.XV.D.G.FR.ET NAV.REX. Buste lauré et cuirassé.

℞. SIT NOMEN DOM.BENEDICT.1724. Croix formée de quatre fleurs de lis, entourée de quatre couronnes alternant avec quatre doubles L. Sur la tranche : DOMINE.SALVUM.FAC.REGEM. — Argent.

1010 — *Pièce de 12 sols, frappée à La Rochelle pour les Iles-du-Vent.* — LUD.XV.D.G.FR. | ET NAV.REX. Tête laurée.

℞. ISLES ‖ DU ‖ VENT. Trois fleurs de lis reliées par deux fleurons. 1731. — Argent.

1011 — *Louis dit au bandeau, frappé à Paris.* — LUD.XV.D.G.FR. | ET NAV.REX. Tête ceinte d'un « bandeau ».

℞. CHRS. REGN. VINC.IMPER. 1740. Deux écus ovales, accolés, aux armes de France et de Navarre, surmontés d'une couronne royale. — Or.

1012 — *Écu au bandeau, émis pour 6 livres, frappé à Paris.* — LUD.XV. D.G.FR. | ET NAV.REX. Tête ceinte d'un « bandeau », signée : 𝒢ℛ.

℞. SIT NOMEN DOMINI | BENEDICTUM. 1740. Écu ovale, surmonté d'une couronne et accosté de deux branches d'olivier. — Essai sur flan d'or.

1013 — *Double sol, frappé à Paris.* — SIT NOM.DOM. | BENEDICTUM 1740. Deux ℒ enlacées, surmontées d'une couronne.

℞. LUD.XV.D.G.FR. | ET NAV.REX. L couronnée, entourée de trois fleurs de lis. — Billon.

1014 — *Petit écu au bandeau, frappé à Paris.* — Mêmes légendes et mêmes types qu'au n° 1012. 1741. Sur la tranche : DOMINE.SALVUM, etc. — Argent.

1015 — *Écu de six livres, frappé à Paris.* — LUD.XV.D.G.FR. | ET NAV. REX. Tête laurée, signée : ROETT.FIL.

℞. SIT NOMEN DOMINI | BENEDICTUM.1771. L'écu de France entre deux branches de laurier (?). Sur la tranche : DOMINE. SALVUM, etc. — Argent.

1016 Louis XVI (1774-1792-1793). *Louis aux palmes, frappé à Paris.* — LUD.XVI.D.G.FR. | ET NAV.REX. Buste signé : DUVIV.

℞. CHRS.REGN.VINC.IMPER.1774. Écu de France, accosté de deux palmes et posé sur un sceptre et une main de justice. — Or.

1017 — *Double louis dit aux lunettes, frappé à Lille.* — Même légende et même type.

℞. CHRS.REGN.VINC.IMPE.1778. Deux écus ovales, accolés, aux armes de France et de Navarre, surmontés d'une couronne. — Or.

1018 — *Écu de 6 livres, frappé à Paris.* — LUD.XVI.D.G.FR. | ET NAV. REX. Buste signé : B.DUVIV.F.

℞. SIT NOMEN DOMINI | BENEDICTUM.1784. L'écu de France accosté de deux branches. — Argent.

1019 — *Double louis, frappé à Paris.* — Même légende. Buste signé : DU VIV.

℞. CHRS.REGN.VINC.IMPER.1786. L'écu de France et celui de Navarre accolés sous une couronne royale. — Or.

1020 — *Essai de l'écu d'argent* dit *de Calonne, frappé à Paris.* LUD.XVI. D.G.FR. | ET NAV.REX. Buste lauré. J.P.DROZ F.

℞. SIT NOMEN DOMINI BENEDICTUM.1786. Deux ℓ enlacées et couronnées, avec trois fleurs de lis au centre. Sur la tranche : DOMINE SALVUM, etc. — Argent.

1021 — *Essai du Louis d'or* dit *de Calonne, sur flan de cuivre.* — LUDOV : XVI.REX | CHRISTIANISS : . Buste signé : J.P.DROZ F.

℞. CHRS.REGN | VINC.IMPER. || 1787. Les écus de France et de Navarre, posés sur les ailes d'un ange et couronnés.

1022 — *Liard, frappé à Nantes.* — LUDOV.XVI.D.GRATIA. Tête nue.
℞. FRANC.ET. | NAVARR.REX. 1789. L'écu de France. —Cuivre.

1023 — *Pièce de 15 sols, frappée à Lyon.* — LOUIS XVI ROI DES FRANCAIS ‖ 1791. Tête à gauche.
℞. REGNE DE LA LOI. Le Génie de la France gravant sur une table le mot CONSTITVTION. Dans le champ : 15 ‖ SOLS. Dans l'exergue : L'AN 3 DE LA ‖ LIBERTÉ. — Argent.

1024 — *Essai de la pièce de 2 sols.* — LOUIS XVI ROI | DES FRANÇOIS. 1791. Buste drapé.
℞. LA NATION LA | LOI LE ROI. | L'AN 3 DE | LA LIBERTÉ. Faisceau posé sur une couronne de chêne, surmonté d'un bonnet et accosté de 2 | s. — Cuivre.

1025 — *Pièce de 12 deniers, frappée à Paris.* — Même légende. Buste signé : DUVIVIER.
℞. LA NATION LA LOI LE ROI ‖ 1791.3.DE LA LIB. Même type ; dans le champ : 12 | D. — Bronze.

1026 — *Louis d'or de 24 livres, frappé à Paris.* — LOUIS XVI ROI DES FRANÇOIS ‖ 1792. Tête à gauche.
℞. REGNE DE LA LOI. Type du Génie, accosté d'un faisceau et d'un coq, et signé : DUPRÉ. Au-dessous : L'AN 4 DE LA ‖ LIBERTÉ. — Or.

1027 — *Pièce de 6 deniers, frappée à Strasbourg en 1792.* — LOUIS XVI ROI | DES FRANÇAIS ‖ 1792.
℞. LA NATION LA | LOI LE ROI ‖ L'AN 4 DE LA LIBERTÉ. Faisceau surmonté du bonnet phrygien, placé sur une couronne de chêne et accosté de 6 ‖ D. —Cuivre.

1028 — *Écu de 6 livres, frappé à Paris.* — LOUIS XVI ROI | DES FRANÇOIS. Tête à gauche. 1793.
℞. REGNE | DE LA LOI. Le Génie accosté du coq et du faisceau, et signé : *Dupré*. Dans l'exergue : L'AN 5 DE LA ‖ LIBERTÉ. — Argent.

1029 République (1792-1804). *Médaille de confiance, frappée par Monneron.* — LES FRANÇAIS UNIS SONT INVINCIBLES. Hercule assis, s'efforçant de briser un faisceau. L'AN IV DE LA ‖ LIBERTÉ.

℞. REVOLUTION FRANÇAISE. ‖ 1792. Dans le champ : MEDAILLE ‖ QUI SE VEND ‖ CINQ-SOLS ‖ A PARIS CHEZ ‖ MONNERON (PATENTÉ). Inscription sur la tranche. — Bronze doré.

1030 — *Pièce de 24 livres, frappée à Lille.* — REGNE DE | LA LOI. Le Génie debout, entre le faisceau et le coq. 1793. Sur l'autel : DUPRÉ.
℞. .REPUBLIQUE FRANÇOISE. ‖ .L'AN II. Dans une couronne de chêne : 24 ‖ LIVRES. — Or.

1031 — *Écu de 6 livres, frappé à Paris.* — Mêmes légendes et mêmes types. — Au revers, dans la couronne : SIX ‖ LIVRES. — Argent.

1032 — *Écu de 6 livres. Essai de Brezin.* — LIBRE J'OFFRE LA PAIX. La République assise, à gauche. L'AN 4 DE LA ‖ LIBERTÉ.
℞. INVENTÉ PAR BREZIN A PARIS. ‖ 1792. Inscriptions dans le champ et sur la tranche. — Argent.

1033 — *Pièce de 2 sols, frappée à Orléans.* — REPUBLIQUE | FRANÇOISE. Table de la loi, surmontée d'un œil et accostée d'une grappe et d'épis ; en bas : *Dupré*. Dans l'exergue : L'AN II.
℞. LIBERTÉ | ÉGALITÉ. ‖ .1793. Balance surmontée d'un bonnet phrygien et passée dans une couronne de chêne. Au centre : 2.S. — Bronze.

1034 — *Pièce de 1 sol, frappée à Metz.* — Mêmes légendes et mêmes types. Au revers : 1.S. dans le champ. — Bronze.

1035 — *Pièce de 25 centimes.* — REPUBLIQUE | FRANCAISE. Tête coiffée du bonnet phrygien.
℞. 25. ‖ CENTIMES. ‖ L'AN 3. — Bronze.

1036 — *Pièce de 10 centimes.* — REPUBLIQUE | FRANCAISE. Serpent enroulé sur une massue et un faisceau.
℞. 10 ‖ CENTIMES. ‖ L'AN 3. — Cuivre.

1037 — *Pièce de 5 centimes. Essai en cuivre doré.* — Autel accosté des lettres R. | F. et surmonté d'une couronne d'étoiles.
℞. 5 ‖ CENTIM. ‖ L'AN 3.

1038 — *Pièce de 2 décimes, frappée à Paris.* — REPUBLIQUE ‖ FRANÇAISE. Buste coiffé du bonnet phrygien ; au-dessous : *Dupré*.

Exposition du XVIIIe siècle.

℞. Dans une couronne de chêne : 2 ‖ décimes. ‖ l'an 4. — Cuivre.

1039 — *Pièce de 1 centime, frappée à Paris.* — republique | française. Tête coiffée du bonnet phrygien ; au-dessous : *Dupré*.
℞. Dans le champ : un ‖ centime ‖ l'an 7. — Cuivre.

1040 — *Pièce de 5 centimes, frappée à Paris.* — Même légende et même type, au droit.
℞. cinq ‖ centimes ‖ l'an 5. dans une couronne de chêne. — Cuivre.

1041 — *Pièce de 5 francs. Essai sur flan d'or, frappé à Paris.* — union et force. Hercule entre la Liberté et l'Égalité. *Dupré*.
℞. republique | française. Dans une couronne : 5 ‖ francs. ‖ l'an 10.

JETONS D'OR

Les jetons ont été frappés en or exceptionnellement, ou par de très riches particuliers, ou par quelques grandes administrations, qui les offraient, en guise d'étrennes, dans des bourses brodées d'or et d'argent, aux souverains ou parfois à des princes dont il paraissait utile de s'attirer la bienveillance. Frappées toujours à petit nombre et vouées à la destruction par leur valeur intrinsèque, ces pièces sont actuellement d'une extrême rareté.

I. TRÉSOR ROYAL

1051 Louis XIV. — Tête signée : H.R.F (Hieronimus Roussel fecit).

℞. ARMA PRIUS. | NUNC DONA. Massue plantée en terre et d'où surgissent des branches chargées d'olives. TRESOR ROYAL ‖ 1700.

1052. — Tête signée : R (Röettiers).

℞. TOT ÆRARIA QUOT CIVES. Ruche entourée d'abeilles. ÆRARIUM REGIUM. ‖ 1701.

1053 — Tête signée : I.M.F (Joannes Mauger fecit).

℞. UT.VINCAT.DISPERGIT.OPES. Hippomène courant à droite et jetant ses pommes derrière lui. TRESOR ROYAL. ‖ 1702 R.

1054 — Tête signée : R.

℞. AMOR DABIT ESSE PERENNES Alphée et Aréthuse, appuyés chacun sur son urne et se donnant la main. ÆRARIUM REGIUM ‖ M.DCCIII.

1055 — Buste signé : T B en monogramme (Thomas Bernard).

℞. NON DEFLUET. Fleuve couché s'appuyant sur son urne. ÆRARIUM REGIUM ‖ 1704.

1056 — Tête signée : H.R.F.

℞. HEC SISTVNT NVBILA CVRSVM. Le soleil rayonnant au-dessus des nuages. TRÉSOR ROYAL ‖ 1705.

1057 — Tête signée : TB en monogramme.

℞. ALIT VIRESQUE MINISTRAT. Main tenant un arrosoir d'où l'eau jaillit abondamment. TRESOR ROYAL. ‖ 1706.

1058 — Même tête.

℞. FIDISSE JUVAT. Champ de blé traversé par un sentier. TRESOR ROYAL. ‖ 1707.

1059 — Même tête.

℞. HUC MEAT INDE ORITUR. Fleuve assis sur des rochers. TRESOR ROYAL. ‖ 1709.

1060 — Tête signée : I.M.F.

℞. NEC ASPERA SISTUNT. Torrent se précipitant à travers les rochers. TRÉSOR ROYAL. ‖ 1710.

1061 — Tête signée : T B en monogramme.

℞. ARTE ATQUE METALLO. Vulcain forgeant le bouclier d'Achille. TRESOR ROYAL. ‖ 1712.

1062 — Tête signée : T B en monogramme.

℞. EA CURA QUIETUM SOLLICITAT. Hercule assis à côté de deux femmes qui mettent des fruits dans une corbeille. TRESOR ROYAL ‖ 1715.

1063 — Même tête.

℞. SUA CUIQUE MINISTRAT. Trois cyclopes forgeant un caducée. TRESOR ROYAL ‖ 1717.

1064 — Même tête.

℞. PACATO PLENIUS ALVEO. Fleuve coulant paisiblement au milieu des rochers. TRESOR ROYAL. ‖ 1714.

1065 Louis XV. — Tête laurée, signée : DU VIVIER.

℞. PROPERAT SUCCURRERE TERRIS. La Paix (ou l'Abondance) assise sur un nuage. TRESOR ROYAL ‖ 1731.

1066 — Buste signé : J C R. en monogramme (Joseph Charles Roëttiers).

℞. EX UNO OMNES. Fleuve assis, à gauche. TRESOR ROYAL ‖ 1733.

1067 — Même buste.

℞. NEC OPES DESUNT NEC AMOR. Jason debout, tenant un glaive et la Toison d'or. Signature : IB (Jean Le Blanc). Dans l'exergue : TRESOR ROYAL ‖ 1734.

1068 — Buste signé : DU VIVIER.

℞. PRINCIPIS ÆRARIUM ÆRARIUM POPULI. Ruche sur un socle, entourée d'abeilles, ayant au-dessus d'elles leur « roi ». TRESOR ROYAL ‖ 1737.

1069 — Tête signée : f ᴍ en monogramme (François Marteau).

℞. AURI CERTA | SEGES. La Sibylle présentant à Énée le rameau d'or. TRESOR ROYAL. || 1740.

1070 — Tête ceinte d'un bandeau.

℞. QUO NON FUNDIT OPES. Triptolème debout sur le char de Cérès, qui est attelé de deux serpents, et semant son grain sur la terre. TRESOR ROYAL || 1741.

1071 — Buste signé : ᴍ.

℞. UT ITERUM FLUANT. Fleuve assis sur un rocher. TRESOR ROYAL. || 1745.

1072 — Tête signée : fm en monogramme.

℞. TERRIS NON SIBI. Le soleil rayonnant au-dessus d'une plaine. TRESOR ROYAL. || 1747.

1073 — Buste drapé d'une peau de lion.

℞. FLUIT ÆTERNUMQUE MINISTRAT. Une fontaine. TRÉSOR ROYAL || 1752.

1074 — Buste signé : D.V (du Vivier).

℞. PERENNITER. Fleuve assis, à droite. TRESOR ROYAL || 1753.

1075 — Buste signé : fm en monogramme.

℞. DAT CUNCTA MOVERI. Le soleil entouré d'astres. TRÉSOR ROYAL || 1754.

1076 — Même buste.

℞. DIVISUS PRODEST. Fleuve assis sur un rocher et tenant son urne, d'où l'eau s'échappe en deux courants. TRESOR ROYAL || 1755.

1077 — Tête signée : R. *filius* (Röettiers filius).

℞. DANT ACCIPIUNT QUE VICISSIM. Neptune debout, se retournant vers deux fleuves assis. TRESOR ROYAL || 1758.

II. PARTIES CASUELLES

1078 Louis XIV. — Tête de Louis XIV, à droite, signé : L (Loir).

℞. . HÆC·VIRES.IACTVRA.NOVAT. Cerf à droite, ayant des bois nouveaux, et devant lui les vieux bois tombés. ·REVENVS· || ·CASVELS· || 1680.

Louis Loir, orfèvre et graveur, né vers 1638, est mort après 1719.

1079 — Tête à droite, signée : H.R.F.

R̃. CURA LEVIS DABIT ESSE PERENNEM. Lampe allumée. PARTIES CASUELL. ‖ 1700.

1080 — Tête laurée, à droite, signée : R.

R̃. CUM FOENORE PERDIT. Semeur épendant son grain. PARTIES ‖ CASUELLES ‖ 1701.

1081 — Tête à droite, signée : T B en monogramme.

R̃. PARVI STAT GRATIA DONI. Encensoir fumant sur un autel. PARTIES CASUELLES ‖ 1707.

1082 — Même tête.

R̃. MORTALEM ERIPUIT FORMAM. Daphné se transformant en laurier. PARTIES CASUELLES. 1712.

1083 — Même tête.

R̃. NON JAM FATALIA TERRENT. Navire porté par des nuages (la constellation du navire Argo). PARTIES. ‖ CASVELLES. ‖ 1714.

1084 Louis XV. — Buste de Louis XV, à droite, signé : ℛ.

R̃. VITAT PRUDENTIA CASUM. Dédale volant au-dessus de la mer. PARTIES CASUELLES ‖ 1733.

1085 — Buste à droite, signé : DU VIVIER.

R̃. CUSTODE PERENNIS. Vestale debout, à côté d'un autel allumé. PARTIES CASUELLES ‖ 1736.

1086 — Même buste.

R̃. HIC SECURA QUIES. Navires arrêtés dans un port. PARTIES CASUELLES ‖ 1737.

1087 — Tête à droite, signée : ƒ m en monogramme.

R̃. FATALIS SOPOR. Mercure endort Argus, gardien de la vache Io, en lui jouant de la flûte. PARTIES ‖ CASUELLES ‖ 1742.

1088 — Autre tête, signée : ƒ m en monogramme.

R̃. IUVAT ANNUA CURA. Paysan taillant un arbre fruitier. PARTIES CASUELLES ‖ 1747.

1089 — Buste à droite, lauré et cuirassé ; signé : ƒ m en monogramme.

R̃. QUOE (sic) CECIDERE LEGIT. Amour ramassant des fruits sous un arbre. PARTIES CASUELLES ‖ 1754.

III. JETONS DIVERS

1090 *Armand Jérôme Bignon, bibliothécaire du roi* (1767). — VILLE DE PARIS. Les armes de Paris, accostées de deux cornes d'abondance, dans une cartouche.

℞. II PREV^{te}.DE M^{re}.ARM.JER.BIGNON CON^{er}.DETAT BIBLIOT^{re}. DU ROY.1767. Écu aux armes de Bignon, tenu par deux anges.

1091 *Ecole de médecine de Paris* (1775). — Tête de Louis XVI, à droite, signée : DU VIV.

℞. TUTO DONEC AUGUSTE : Génie se détournant de ruines entassées à sa gauche et touchant, de son bâton entouré d'un serpent, l'escalier d'un édifice. VET.JURIS SCHOLÆ ∥ MEDICOR. REFUG. ∥ 1775. En bas, à gauche : D.V.

1092 *Etienne Pourfour du Petit, doyen de la Faculté de médecine de Paris* (1782). — ST.POURFOUR DU PETIT PARIS.FAC·MED.PAR.DEC. Buste à droite, signé : DUVIV.

℞. PRO REGE REGNO ET ∣ UNIVERSITAT.PARIS. Hygie debout. PRECES FUND. ∥ 1782. En bas, à droite : D V.

1093 *Sacre de Louis XVI* (1775). — Buste de Louis XVI en costume royal et couronne en tête ; au-dessous : L. LEONARD.

℞. DEO CONSECRATORI. Louis XVI agenouillé devant un autel, sacré par la Religion. UNCTIO.REGIA.REMIS ∥ 11 JUNII.1775.

JETONS D'ARGENT

I. ADMINISTRATIONS

1094 *Menus plaisirs* (1703). — Tête de Louis XIV, à droite ; signée : T B en monogramme.

℞. .REX. NOBIS. HÆC OTIA. FECIT. Femme et Amours assis, jouant d'instruments divers. MENUS PLAISIRS || ET. AFFAIRES. DE. || LA CHAMBRE. || .1703.

1095 *Artillerie* (1706). — LOUIS AUG. DE BOURBON DUC DU MAYNE GR^d. M^e. DE L'ART^{rie}. Buste du duc de Maine, à droite ; signé : H.R.F.

℞. GEMINANT OBSTACULA VIRES. Fort entouré d'un fossé muni d'une palissade. ARTILLERIE. || 1706.

1096 *Galères* (1707). — LOUIS. DUC. DE. VENDOSME. | GENERAL. DES. GALERES. Écu aux armes.

℞. URGET AMOR PUGNÆ. Deux faucons chaperonnés, attachés par leur longe à un arbre. GALÈRES. || 1707.

1097 *Ordre du Saint-Esprit* (1717). — LOUIS QUINZE ROI DE FRANCE. Buste lauré, à droite.

℞. NON EXTINGUETUR. Colombe au milieu de rayons et de flammes. 1717. POUR. 1715.

1098 *Marine* (1719). — L. ALEXA. DE BOURBON C. DE TOULOUZE ADMIRAL DE F^{ce}. Buste du comte de Toulouse, à droite.

℞. QUANTUS CUM SE EXERET ARDOR. Bombarde sur son affût. MARINE. || 1719.

1099 *Marine* (1725). — Même légende et même buste.

℞. ÆQUORA TUTA SILENT. Sur la mer, trois Tritons sonnant du buccin. MARINE. || 1725.

2000 *Commissaires du Châtelet* (1723). — DU DOYENNE. DE | Mr GALLYOT. Ses armoiries.

℞. HIS OCULIS LUSTRATA REFULGET. Vue du Pont-Neuf et de la Cité. COMMISSAIRES DU | CHATELET || 1723.

JETONS D'ARGENT

2001 *Monnaie* (1723). — Buste de Louis XV, à droite ; signé : ℛ.
℞. ET LEGE ET PONDERE. Balancier muni de ses courroies. MONNOYE ‖ 1723.

2002 *Écuries du roi* (vers 1725). — Buste à droite, signé : BLANC.
℞. BELLI PACISQUE DECUS. Cheval bondissant. ECURIES DU ROY. En bas, à droite : D.V.

2003 *Michel-Étienne Turgot, prévôt de Paris* (1736). — LA VILLE DE PARIS. Cartouche aux armes de Paris, accosté d'une palme et d'une branche de laurier ; signé : G (Gamot).
℞. DE [LA III. PR^{te}. DEM^{re}. MICH. ETI. TURGOT PRES^{t}. AUX REQ. DU PAL. 1736. Écu à ses armes, supporté par deux licornes et couronné.

2004 *Artillerie et Génie* (1757). — Buste de Louis XV, à droite, lauré, cuirassé et drapé.
℞. NOVO FŒDERE LÆTI. Deux Amours se donnant la main, l'un figurant l'Artillerie et l'autre le Génie. REUNION DE L'ARTILLERIE ‖ ET DU GENIE ‖ 1757.

2005 *Menus plaisirs* (1758). — Tête de Louis XV, à droite, signée : R. filius.
℞. PLACET EMPTA LABORE VOLUPTAS. Deux Amours tenant une guirlande de fleurs, l'un debout et tenant une couronne, et l'autre couché. MENUS PLAISIRS ‖ DU ROY ‖ 1758.

II. SOCIÉTÉ DE CHIRURGIE ET FACULTÉ DE MÉDECINE DE PARIS

2006 *Société de chirurgie de Paris* (1741). — Tête à droite ; signée : ℐ ℳ. en monogramme.
℞. APOLLO SALUTARIS. Apollon et Hygie debout. SOCIETAS ACADEMICA ‖ CHIRURG. PARISIENS ‖ MDCCXXXXI.

2007 *Philippe Caron* (1742). — PH.CARON | DECANUS.1742. Buste à droite, signé : ℛ
℞. •: URBI ET ORBI :• ‖ FACUL.MEDIC.PARIS. Armes de la Faculté, entourées de deux serpents.

2008 *J.-J. Belleteste, doyen* (1763). — JO.JAC.BELI ETESTE PARIS.FAC.MED. P.DECAN. Buste à droite, signé : B. DUVIVIER.
℞. URBI ET ORBI SALUS. Les trois cigognes, surmontées du Soleil. FAC.MEDIC.PAR. ‖ 1762-1763.

III. PRINCES ET PRINCESSES DE LA MAISON DE LA FRANCE

2009 *Marie-Anne-Christine-Victoire de Bavière, dauphine* (1681). — .ANNA. MARIA. | CHRIST. DELPHINA. Buste à droite, signé : R (Roussel).

℞. NOVVM. DECVS ADDITA. COELO. Couronne étoilée, dans le ciel. M.D.C.L.XXXI.

Jérôme Roussel, né vers 1663, reçu à l'Académie de peinture le 28 mars 1709, mort à Paris le 22 décembre 1713.

2010 *Marie-Adélaïde, duchesse de Bourgogne* (1700). — MARIA ADELAIS. | DUCISSA BURGUND. Buste à droite, signé : H.R.F.

℞. FAVSTO | FŒDERE. IVNCTI. L'Hyménée donnant la main à l'Amour. 1708 ‖ R.

2011 *Marie-Adélaïde* (1702). — Même légende. Tête à gauche, signée : H.R.F.

℞. PROGENIES ET CURA SOLIS. Sous les rayons du soleil, perle dans sa coquille ouverte. M.DCC.II.

2012 *Philippe II, duc d'Orléans, le Régent* (1716). — PHILIP. DUX. AUREL. | FR. ET NAV. REGENS. Tête à droite, signée : D.V.

℞. PAR VIRTUS ONERI. Hercule chargeant sur ses épaules le globe du monde. 1716.

2013 *Marie-Thérèse-Antoinette, infante d'Espagne, dauphine* (1746). — MARIA THERESIA | DELPHINA. Buste à gauche, signé : M.

℞. PATRIO SUB SYDERE CRESCUNT. Deux lis sous les rayons du soleil. MAISON DE MADAME LA ‖ DAUPHINE. ‖ 1746.

2014 *Charles-Philippe, comte d'Artois* (plus tard Charles X) (1757, 1824-1830 † 1836). — CHARLEˢ. PHILIPPE COMTE D'ARTOIS. Buste à droite, signé : GATTEAUX.

℞. MAISON DE Mᵍʳ. LE COMTE D'ARTOIS. Écu à ses armes, posé sur des drapeaux.

2015 *Marie-Thérèse de Savoie, comtesse d'Artois* (1756, † 1805). — M. THER. DE SAVOYE COM- ‖ TESSE D'ARTOIS. Buste à gauche, signé : DU VIV.

℞. MAISON | DE MADᵉ. LA COMTESSE | D'ARTOIS. Deux écus armoriés, accolés sous une couronne.

MÉDAILLES

SUITES UNIFORMES EN OR

Le grand œuvre numismatique de la fin du XVIIe siècle et des premières années du XVIIIe est l' « Histoire du roi par les médailles » ou « Histoire métallique ».

Louis XIV désira conserver d'une façon impérissable, au moyen des médailles, le souvenir de tous les grands événements de son règne. Colbert s'empressa de déférer à ce désir, et l'idée du roi reçut immédiatement un commencement d'exécution sous la direction personnelle du premier ministre. C'est en vue de ce projet que fut créée la « Petite Académie » (plus tard Académie des inscriptions et belles-lettres), qui eut la mission de diriger l'exécution de ce programme grandiose. Toutefois, les multiples travaux qui lui furent demandés dès sa création et ceux que Colbert s'imposait à lui-même, empêchèrent de pousser très loin l'entreprise. Colbert mort, Louvois la reprit activement, mais elle ne fut menée à bonne fin que sous l'impulsion de Pontchartrain et de son fils.

Tout d'abord, on s'était peu préoccupé de la variété des modules; mais on les limita bientôt à deux, celui de 30 lignes et celui de 18. Finalement le grand module, qui avait été le premier en faveur, fut abandonné au profit du petit, afin d'aboutir vite et d'éviter les dépenses excessives. Ces deux séries de médailles uniformes furent appelées communément la « Grande » et la « Petite Suite », ou encore la « Grande » et la « Petite Histoire ». Le petit module, définitivement adopté, continua à être employé pendant la plus grande partie du règne de Louis XV, jusqu'au moment où fut abandonnée la série officielle uniforme des médailles historiques.

A la « Grande Histoire » collaborèrent les plus fameux graveurs de médailles de l'époque. Quant à la Petite Histoire, presque tous les coins des pièces qui la composent (260 médailles et toutes les têtes du roi) furent gravés, fait extraordinaire, en moins de sept ans par un même artiste, qui fut l'un des graveurs les plus habiles, ou du moins les plus féconds, que la France ait possédés : c'est Jean Mauger, originaire du Havre, né vers 1648 et mort à Paris en 1722. Le reste est dû à J. Röettiers, Bernard et Roussel.

GRANDE SUITE [1]

2027 Louis XIV. — *Récompenses aux marins* (1692). — LVDOVICVS. MAGNVS.REX.CHRISTIANISSIMVS. Tête à droite, signée : R. (Roëttiers).

---

1. Nous ne donnons ici que deux spécimens de la « Grande Suite », parce que le module de 30 lignes fut abandonné dès le début du XVIIIe siècle.

℞. VIRTVTI.NAVTICAE.PRAEMIA | DATA. Louis XIV, en Neptune, assis sur un bateau et présentant une couronne à un marin costumé à l'antique. M.DC.XCII. || T.BERNARD.F.

2028 *Splendeur de la marine.* — LVDOVICVS.MAGNVS.REX.CHRISTIANISSIMVS. Buste de Louis XIV, à droite, lauré, cuirassé et drapé ; signé : .MAVGER.F.

℞. SPLENDOR REI NAVALIS. La France, sous la figure d'Amphitrite, assise sur un char attelé de deux chevaux marins. GALLIA. En bas, la signature : MAVGER.F.

PETITE SUITE UNIFORME

2029 Louis XIV. — *Naissance du roi* (1638). — Tête de Louis XIII, signée : I.MAVGER, d'après J. Warin.

℞. CŒLI MUNUS. Génie apportant à la France l'enfant royal. LUDOVICUS DELPHINUS || NATUS V.SEPTEMBRIS. || M.DC.XXXVIII.

2030 *Autre médaille sur la naissance de Louis XIV.* — Même tête de Louis XIII.

℞. ORTUS.SOLIS.GALLICI. Au centre, Louis XIV enfant, sur un char traîné au-dessus des nuages par quatre chevaux, que conduit la Victoire. SEPT.V.MIN.XXXVIII || ANTE MERID. || M.DC.XXXVIII. A l'entour, les 12 signes du zodiaque et ceux des sept planète.

2031 *La France pacifiée* (1653). — Tête signée : J.MAVGER.F.

℞. SERENITAS. Le Soleil s'avançant de face, debout sur son quadrige. PLURIMAE URBES || RECEPTAE. || M.DC.LIII.

2032 *La France florissante.* — Tête du roi.

℞. FELICITAS TEMPORUM. Louis XIV debout, sous la figure d'Apollon, tenant une branche d'olivier. M.DC.LXIII.

2033 *Campagne de 1667.* — Tête du Roi.

℞. JUS AUGUSTAE CONJUGIS VINDICATUM. Le roi à cheval, armé à l'antique. EXPEDITIO BELGICA || M.DC.LXVII.

2034 *Campagne de Hollande* (1672). — Tête du roi.

℞. PRAEVIA VICTORIA. Louis XIV à cheval, costumé à l'antique et précédé par la Victoire, qui vole en tenant une couronne et une palme. EXPEDITIO, BATAVICA M.DC.LXXII.

2035 *Le Passage du Rhin* (1672). — Tête du roi.

℞. TRANATUS RHENUS. La Victoire couronnant le roi, qui foule aux pieds le Fleuve du Rhin. HOSTE RIPAM ADVERSAM || OBTINENTE. || M.DC.LXXII.

2036 *L'Académie française au Louvre* (1672). — Tête du roi.

℞. APOLLO PALATINUS. En avant de la colonnade du Louvre, Apollon debout, tenant sa lyre appuyée sur le trépied. ACADEMIA GALLICA INTRA || REGIAM EXCEPTA. || M.DC.LXXII.

2037 *Levée du siège d'Haguenau* (1675). — Tête du roi.

℞. SALUS ALSATIAE. La France protégeant, de son bouclier, l'Alsace qui est terrassée et tend ses bras vers elle. HAGENOIA OBSIDIONE || LIBERATA. || M.DC.LXXV.

2038 *Établissement des Compagnies de Cadets* (1682). — Tête du roi.

℞. MILITIAE TYROCINIUM. Dans un camp, groupe de jeunes nobles à l'un desquels un officier met l'épée au côté. NOBILES EDUCATI || MUNIFICENTIA PR. || M.DC.LXXXII.

2039 *Les appartements royaux ouverts au public* (1683). — Tête du Roi.

℞. COMITAS ET | MAGNIFICENTIA PR. Dans un salon, Mercure entre une Muse, qui tient une lyre, et Pomone, qui porte une corbeille de fruits. HILARITATI PUBLICAE || APERTA REGIA. || M.DC.LXXXIII.

2040 *Naissance du duc d'Anjou* (1683). — Tête de Louis XIV, par J. Mauger.

℞. AETERNITAS IMPERII GALL. Buste du Dauphin, et au-dessous, têtes affrontées des ducs de Bourgogne et d'Anjou. PHILIPP.DUX ANDEG. || NAT.XIX DEC. || M.D.C.LXXXIII.

2041 *Victoire de Staffarde* (1690). — Tête du roi.

℞. DUX SAB.CUM FOED.PROFLIGATUS. Hercule tenant une couronne et foulant aux pieds le Centaure terrassé. AD STAFFARDAM. || M.DC.LXXXX.

2042 *Institution de l'ordre de Saint-Louis* (1693). — Tête du roi.

℞. VIRTUTIS BELLICAE PRAEMIUM. Le roi donnant l'accolade à un chevalier agenouillé devant lui; au second plan, deux officiers; dans le lointain, tentes et vaisseaux. ORDO MILITUS.LUDOVICI || INSTITUTUS. || M.DC.XCIII.

2043 *Mariage du duc de Bourgogne* (1697). — Tête du roi.

℞. LUDOVICI BURGUND.DUCIS ET MARIAE ADELAIDIS SABAUDIAE CONNUBIUM. Têtes affrontées du duc de Bourgogne et d'Adélaïde de Savoie. M.DC.XCVII. || H.R.F.

2044 *Hommage-lige de Léopold, duc de Lorraine, pour le duché de Bar* (1699). — Tête de Louis XIV, par J. Mauger.

℞. HOMAGIUM LIGIUM LEOP.LOTH.D.OB DUCAT.BARENSEM. Louis XIV assis tient entre ses mains celles du duc agenouillé devant lui. MDC.XCIX.

2045 *Chambre de Commerce de Rouen* (1703). — Tête de Louis XIV par Thomas Bernard.

℞. FIRMATA CONSILIO COMMERCIA. Mercure assis de face, ayant derrière lui la ville de Rouen. IX. VIRI ROTHOMAGENSES. ‖ COMMERCIIS REGUNDIS. ‖ M.DCCIII.

2046 **Louis XV**. — *Avènement de Louis XV* (1715). — Tête de Louis XV, par J. Mauger.

℞. LUDOVICUS XV.D.G.FR.ET NAV.REX. Buste de Louis XV lauré, à droite ; au-dessous : *J. C. Roëtt : f :*

2047 *Paix conclue avec l'Espagne* (1720). — Buste du roi, signé : I.LE.BLANC.F.

℞. TRANQUILLITAS EUROPAE. L'Europe assise, en costume de guerre. PAX CUM HISPANIS. ‖ M.DCC.XX.

2048 *Entrée à Paris de l'Infante Marie-Anne-Victoire* (1722). — Buste du roi, signé : DU VIVIER F.

℞. FEL.ADVENT.MAR.ARM.VICT.HISP.REG.FIL. L'Infante sur un char, s'avançant vers un arc de triomphe ; au-dessus d'elle, l'Hyménée. LUTETIÆ II MART. ‖ M.DCC.XXII.

2049 *Achèvement de l'édition de 1723 des « Médailles sur les principaux événements du règne entier de Louis le Grand »*. — Buste à droite, signé : DU VIVIER F.

℞. AETERNAE MEMORIAE LUDOVICI XIV PROAVI SUI. La Piété plaçant sur un trophée « le livre des Médailles ». M.DCC XXIII.

2050 *Promotion de chevaliers du Saint-Esprit* (1724). — Tête du roi, signée : DU VIVIER F.

℞. DECUS ET MERCES. Le roi, escorté des officiers de l'Ordre, donne le collier. LVIII.PROCERES TORQUE DONATI. ‖ III.JUNII. M.DCC.XXIV.

2051 *Mariage de Louis XV* (1725). — Buste de Louis XV, signé : DU VIVIER.F.

℞. MARIA REGIS STANISL.FIL.FR.ET NAV.REGINA.V.SEPT.M.DCC.XXV. Buste de Marie Leczinska, à gauche, signé : DU VIVIER.

2052 *Hommage-lige de François-Etienne, duc de Lorraine, pour le duché de Bar* (1730). — Buste de Louis XV lauré, à droite ; signé : J.DU VIVIER F.

℞. HOMAG.LIGIUM FRANC. STEPHANI LOTHARING. DUCIS OB DUCAT. BARRENSEM. Le roi assis, tenant entre ses mains les mains du duc agenouillé devant lui. I.FEBRUARII || M.DCC.XXX.

2053 *Départ du roi pour la Flandre* (1744). — Tête à droite : signée : $\mathscr{F}\mathfrak{M}$. en monogramme.

℞. SPES | EXERCITUUM. Le roi à cheval, couronné par la Victoire et précédé par Hercule, qui porte un drapeau fleurdelisé. PROFECTIO AUGUSTI || IN BELGIUM || M.DCC.XLIV.

2054 *Prise de Menin* (1744). — Tête signée : $\mathscr{F}\mathfrak{M}$. en monogramme.

℞. VIRTUS ET PRÆSENTIA REGIS. Le roi debout, costumé à l'antique, regardant la ville de Menin terrassée, qui s'appuie sur un bouclier à ses armes. MENINA INTRA DIES VII. || EXPUGNATA || IV.JUN.MDCCLIV.

2055 *Victoire de Fontenoy* (1745). — Même tête.

℞. DECUS | IMPERII GALLICI. Louis XV costumé à l'antique, debout dans un quadrige, accompagné du Dauphin et couronné par la Victoire. HOSTES AB IPSOMET REGE || FUSI AD FONTENOIUM || XI.MAII MD.CCXLV.

2056 *La Monnaie* (1750). — Tête de Louis XV, signée : $\mathscr{F}\mathfrak{M}$. en monogramme.

℞. MONETA AUG. La Monnaie assise, élevant une balance de la main droite et tenant la main gauche sur un balancier. IN VARIIS CONSTANS VICIBUS || M.DCC.L.

2057 *Mariage du Dauphin Louis Auguste* (plus tard Louis XVI) *et de Marie-Antoinette* (1770). — Tête de Louis XV, à droite, signée : B. DUVIVIER F.

℞. LUD.AUG.DELPHINI ET M.ANT.JOS.II.IMP.SORORIS CONNUB. Bustes affrontés. DIE XVI MAII || MDCCLXX.

2058 *Accroissement de la ville de Marseille* (1774). — Même tête.

℞. AUCTA LIBYCIS OPIBUS MASSILIA. L'Afrique debout, en face de trois navires, sur l'un desquels on lit : B.DUV. Dans l'exergue : LUD.XV.ARMIS ET CONSILIIS || MDCCLXXIV.

MÉDAILLES DIVERSES

2059 *Maximilien Titon, intendant des manufactures d'armes* († 29 janvier 1711). — MAXIMILIANUS TITON | ARMIS CUDENDIS PRÆF. Buste à droite, signé : H. ROUSSEL. F.

℞. IOVIS PARAT | ARMA TRIUMPHIS. Trophée d'armes entre Mars et Minerve. En bas, un écusson et la date M.DCC.V. — Cuivre. 59 millim.

2060 *Louis XIV* (1714). — LVDOVICVS.MAGNVS. | REX CHRISTIANISSIMVS. Buste à droite, signé : R. (Röettiers).

℞. VOTUM A PATRE NUNCUPATUM SOLVIT. Autel, sur lequel on voit une *Pieta*. ARAM POSUIT. || M.DCC.XIIII. Sur la barre d'exergue : DOLLIN.F. — Or. 70 millim.

2061 *Le maréchal de Villars* (1714). — LUD.HECT.DUX DE VILLARS | FR. PAR ET MARESCALLUS. Buste à droite, signé : DU VIVIER. F.

℞. UNI DEBEMUS UTRAMQUE. Mars debout, présentant une couronne de laurier à Minerve, qui tient une couronne d'olivier. VICTORIA PACEM FECIT. || M.DCC.XIIII. Dans le champ : DU VIV.F. — Bronze. 60 millim.

2062 *Louis XV*. — Buste à droite, signé : DU VIVIER F.

℞. HINC SUPREMA LEX. Le trône royal, sur une estrade et sous un dais, entre la Piété et la Justice. Dans le champ : I.B (Jean Le Blanc). — Or. 60 millim.

2063 *La Princesse Palatine* (1717). — ELIZ.CAR.PALATINA RHENI DVCISSA AVRELIAN. Buste à gauche, signé : N. R (Norbert Roëttiers).

℞. DIS GENITA ET GENITRIX DEVM. La Palatine, en Cybèle, assise entre deux lions. M.D.CC.XVII. Sur la barre d'exergue : I.C.ROETTIERS. F. — Bronze. 72 millim.

2064 *La Princesse Palatine*. — ELIZ.CAR.PALAT.RHENI.D.AVREL.MATER. FELICIT.PUBLICAE. Buste à gauche, signé : S. V (Saint-Urbain).

℞. FECVNDITAS.CONSERVATRIX.GALLIAE. La Palatine debout, figurée en Junon. Dans l'exergue : S. V. — Bronze. 56 millim.

2065 *Léopold Ier, duc de Lorraine, et sa femme, Élisabeth-Charlotte d'Orléans* (1718). — LEOP.I.D.G.LOTH.ET BAR.D.REX.HIER.P.P.OPT. PR. Buste du duc, à droite, signé : I.C. ROETTIERS FECIT.

℞. ELIZAB.CAR.AVRELIANENSIS CONIVX AVGVSTA. Buste de la

duchesse, à droite, signé : I.C. ROETTIERS. F. || 1718. — Bronze, 60 millim.

2066 *Achèvement de la Suite des médailles de l'Histoire de Louis le Grand* (1724). — Tête de Louis XIV, à droite ; au-dessous : N. R. (Norbert Röettiers).

℞. Tête de Louis XV, signée N. R. M.DCC.XXIV. — Argent. 49 millim.

2067 *Joseph-Jean-Baptiste Fleuriau d'Armenonville, garde des sceaux* († le 27 novembre 1728). — Buste signé : N. R.

℞. Dans le champ, inscription en 11 lignes. — Bronze. 61 millim.

2068 *Medaille du Régiment de la Calotte.* — RIDERE | REGNARE EST. Momus assis sur un nuage. En bas : J. C. Röettiers fecit.

℞. LUNA DUCE AUSPICE MOMO. Écu aux armes du Régiment de la calotte, supporté par deux singes et surmonté d'une calotte. — Argent. 45 millim.

2069 *Fêtes en l'honneur de la naissance du Dauphin* (1729). — Tête de Louis XV, à droite, signée : DU VIVIER ; au-dessous : LUTETIA.

℞. Dans une couronne, inscription en huit lignes : REGI || OB NATALES DELPHINI || FESTIVOS INTER IGNES || CŒNAM URBS PRÆBET, || PRÆFECTUS MINISTRAT, || PRINCIPIBUS ÆDILES. || VII SEPTEMB. || MDCC XXIX. — Or. 56 millim.

2070 *Naissance du Dauphin* (1729). — Tête du roi, à droite, signée : I. DU VIVIER.F.

℞. VOTA ORBIS. La Ville de Paris (?) assise, considérant le dauphin couché sur ses genoux. NATALES DELPHINI || IV. SEPTEMBRIS || M.DCC.XXIX. Dans le champ, en bas, à droite : RÖG. — Or. 73 millim.

2071 *Embellissement de la ville de Bordeaux* (1733). — CIVITAS BURDIGAL. | OPTIMO PRINCIPI. Statue équestre du roi, sur un haut piédestal. DU VIVIER.F. || M D CC XXXIII.

℞. PRÆSIDIUM ET DECUS. Vue d'une place entourée de palais et au milieu de laquelle est une statue équestre ; sur la barre d'exergue : I. DU VIVIER F. — Or. 60 millim.

2072 *Compagnie des Indes* (1733). — Buste de Louis XV, à droite, signé : J. C. RÖETTIERS.

℞. Dans le champ : JUNGENDIS || AMPLIORI ET FACILIORI ||

COMMERCIO GENTIBUS || EMPORIUM HOC || A FUNDAMENTIS EXTRUXIT || SOCIETAS INDIARUM || GALLICA ; au-dessous, caducée et corne d'abondance. Dans l'exergue : M DCC XXXIII. — Or. 59 millim.

2073 *Paix conclue par l'Allemagne et la Russie avec la Turquie*, grâce à la médiation de la France (1739). — Tête du roi, signée : ℐ ℳ en monogramme.

℞. VIRTUTIS ET | JUSTITIAE FAMA. La France, assise, distribue des branches d'olivier aux trois Nations, figurées debout. GERMAN. ET RUSS. PAX || CUM OTTOMAN. CONCILIATA || M DCC XXXIX. — Or. 42 millim.

2074 *Le Cardinal de Fleury* (1740). — ANDR. HERCULES CARDINALIS DE FLEURY. ÆT. 81. Buste de trois quarts, signé : I. DASSIER. F.

℞. MINERVA PACIFERA. Minerve sur des nuages, tenant une branche d'olivier. M. DCC. XL. — Bronze, 55 millim.

2075 *Louise-Adélaïde d'Orléans* (Mademoiselle de Chartres), abbesse de Chelles (1698, † 1743). —Buste à droite, signé : I. LE. BLANC. F.

℞. MONASTER. CHALENSE. Vue du monastère de Chelles. ADELAIS || PRINCEPS AVRELIANENSIS || ME || RENOVAVIT. — Bronze. 41 millim.

2076 *Louis d'Orleans* (1744). — LUDOVICUS | AURELIANENS. DUX. Buste à droite, signé : F. MARTEAU. F.

℞. Dans le champ : CLAUSTRO || S. GENOVEFÆ || ITERUM || A FUNDAM. ERECTO || PRIM. LAPIDEM || APPOSUIT || M D CC XLIV. — — Bronze. 42 millim.

2077 *Second mariage du dauphin* (1747). — Tête à droite, signée : ƒ ɱ en monogramme.

℞. COMMUNE PERENNITATIS VOTUM. La Prévoyance debout près d'un autel, à la flamme duquel l'Hymen allume son flambeau ; au-dessus, plane un Génie qui porte un écu aux armes de la Dauphine. SECVNDÆ DELPHINI NVPTIÆ || M.DCC.XLVII. Dans le champ, à gauche : ℳ. (Marteau). — Or. 51 millim.

2078 *Alliance avec les Suisses.* —Buste de Louis XVI, signé : DU VIVIER F.

℞. Dans une couronne : FOEDUS || CUM HELVETIIS || RESTAURA-TUM || ET STABILITUM || MDCCLXXVII. — Or. 74 millim.

2079 *Ch. de Vergennes, ministre de Louis XVI.* — C. GRAVIER Cte. DE VER-GENNES CON[er]. D'ÉTAT, D'EPEE. MIN. ET SEC[re]. D'ETAT CH[r]. DU CONS[l]. ROYAL. Buste à droite, signé : LORTHIOR.F. — Cliché d'étain, sans revers. 69 millim.

2080 *Frédéric II, le Grand* (1712, ✝ 1786). — Frédéric à cheval, passant une revue. Dans l'exergue : FREDERIC II | ROI DE PRUSSE et l'écu de Prusse sur des drapeaux ; au-dessus, à gauche : DUPRÉ F. — Bronze. 66 millim.

2081 *Cheval libre, bondissant.* — Cliché en étain, sur le champ duquel on aperçoit la mise au carreau. Œuvre d'Augustin Dupré. (1748-1833). 34 millim.

2082 *Héloïse et Abélard.* — Abélard agenouillé devant Héloïse ; au second plan, Fulbert écartant une draperie. En bas, à droite : DUPRÉ. Dans l'exergue : ABELARD E ELOIS || SUPRIS^e Pr FULBERT. — Étain. 39 millim.

2083 *Charles-Jean-Baptiste des Galois de la Tour, président au Parlement d'Aix et intendant de Provence* (1715, ✝ 1802). — Buste à droite, signé : DUPRÉ.F.
℞. DECERNÉE PAR L'ASSEMBLEE DES COMMUNES DE PROVENCE EN 1788. Le Tiers État tenant d'une main une couronne et de l'autre une bêche et un caducée. — Argent. 56 millim.

2084 *Le Réveil du Tiers État* (1789). — Le Tiers État à demi-couché, brisant des chaînes et saisissant des armes ; devant lui, un soldat et un prêtre s'enfuyant. Au second plan, troupe armée marchant vers la Bastille. MA FINTE IL ETOIT TEMS QUE JE | ME REVEILLISE CAR L'OPRÉSION || DE MES FERS ME DONIONS || LE COCHEMAR. — Cliché en étain, sans revers. 77 millim.

2085 *Prise de la Bastille.* — SIEGE DE LA BASTILLE. La Bastille, armée de canons et couverte de soldats, est attaquée à coups de fusils et de canons. DEDIE AUX ELECTEURS DE 1789 PAR || PALLOY PATRIOTE LORS DE LA RENDITION || DE SON COPTE A LA NATION. A l'entour : CE PLOMB SCELLAIT LES ANNEAUX QU'ENCHAINOIENT LES VICTIMES DU DESPOTISME RÉTRACE L'ÉPOQUE DE LA LIBERTÉ CONQUISE L'AN PREMIER. — Cliché en étain, sans revers. Œuvre de Bertrand Andrieu (1761-1822). 85 millim.

2086 *Louis-Philippe-Joseph, duc d'Orléans* (dit *Philippe-Égalité*). — Mgr.LE DUC | D'ORLEANS. Buste à gauche, copié sur celui de B. Duvivier ; au-dessous : CITOYEN.
℞. Dans une couronne de fleurs : SOUTIEN || DE LA || FRANCE, et au-dessus, trois fleurs de lis et un lambel. — Étain. 46 millim.

2087 *Ateliers nationaux* (1793). — EGALITE LIBERTE OU LA MORT. Montagne munie d'un œil, et surmontée d'un coq accosté d'un bonnet phrygien et d'un niveau. Au pied de la montagne, symboles et objets divers. — Cliché d'étain, sans revers. 33 millim.

2088 *Médaille populaire.* — NOTRE UNION FAIT NOTRE FORCE. — La Liberté debout, ayant, devant elle, une demi-colonne surmontée d'un œil rayonnant, et derrière elle, un lion et une table surmontée d'un coq et portant l'inscription : DROIT ‖ DE ‖ L'HOM ‖ ME. Dans l'exergue : SANS RESPECT AUX ‖ LOIS POINT DE ‖ LIBERTÉ. Le tout dans une couronne. — Cliché en étain ou en plomb. 49 millim.

2089 *Directoire* (1795). — REPUBLIQUE FRANÇOISE. La République assise, à gauche ; derrière elle, un coq. Dans l'exergue : DIRECTOIRE ‖ EXECUTIF et la signature : SUS.F. — Cliché octogone, en étain, sans revers, 45 millim.

2090 *La Liberté éducatrice de l'enfance* (1796). — PREMIERE LEÇON QUE DONNE ‖ LA LIBERTÉ. La Liberté assise, montrant à un enfant une table placée sur un autel, et sur laquelle on lit : DROITS ‖ DE ‖ L'HOMME ‖ CONSTI- ‖ TUTION. ‖ L'AN 3. Dans l'exergue : ESPOIR DE LA ‖ PATRIE, et au-dessus : DUV.

℞. Dans une couronne : PRIX ‖ DE ‖ L'ÉCOLE DE SOREZE. — Argent. 34 millim.

2091 *Médaille offerte à Bonaparte par les Lyonnais* (1797). — A BUONAPARTE L'ITALIQUE ‖ LE 26 Vre L'AN VI. La Paix assise, à droite. Dans l'exergue : IL NE COMBATTIT QUE POUR ‖ LA PAIX ET LES DROITS DE L'HOMME ; au-dessus : CHAVANNE F. — Bronze, sans revers. 43 millim.

2092 *Paix de Campo-Formio* (1797). — BONAPARTE GEN^{al}. EN CHEF DE L'ARMÉE FRANC^{se}. EN ITALIE. Buste à droite, signé : B. DUVIVIER F. Dans l'exergue : OFFERT A L'INSTITUT NATION. ‖ PAR B. DUVIVIER ‖ A PARIS.

℞. LES SCIENCES ET LES ARTS RECONNAISSANTS. Bonaparte à cheval, une branche d'olivier en main, précédé par la Prudence et par Bellone qui tient la bride du cheval ; derrière lui, la Victoire plane, le couronnant, et emportant l'Apollon du Belvédère et des parchemins. PAIX SIGNÉE ‖ L'AN 6. REP. FR. ; au-dessus : B. DUV. Or. 56 millim.

2093 *Conquête de la Basse-Égypte* (1798). — Le Nil couché. CONQUÊTE DE LA ‖ BASSE EGYPTE ‖ AN VII. Sur la barre d'exergue : BRENET.

℞. Trois pyramides. Dans l'exergue : DENON. DIR. G. DU MUSÉE C. D. ARTS || BRENET. — Or. 33 millim.

2094 *Conseil d'État* (1799). — RÉPUBLIQUE | FRANÇAISE. — Tête de la République, dont le casque est orné d'un coq et couronné ; au-dessous : DUVIVIER AN 8.

℞. CONSEIL || D'ETAT au-dessus de deux branches de laurier. — Médaille ovale, en argent, 46 × 39 millim.

2095 *Desaix* — L. CH. ANT^e. DESAIX NÉ A AYAT EN AOUT 1768. Buste à droite, signé : BRENET. Au-dessous : BATAILLE DE MARENGO || 25 PRAIRIAL AN 8 ; dans le champ : H. AUGUSTE. Le tout dans une couronne.

℞. Inscription en sept lignes. — Or. 50 millim.

2096 *Corps législatif* (1800). — REPUBLIQUE || FRANÇAISE. La Liberté debout, de face, tenant une couronne. AN VIII. En bas à droite : GATTEAUX.

℞. *Liberté, Égalité.* || *Corps* || *législatif*. Plus bas, en creux : *Bord.* Pièce octogone en argent. 49 × 39 millim.

2097 *Tribunal de Cassation* (1800). — TRIBUNAL DE || CASSATION. La Justice debout, tenant une balance et les tables de la loi placées sur un autel, sur le piédestal duquel on lit : GATTEAUX.

℞. Sur un triangle rayonnant, entouré d'une couronne de chêne, les deux mots : LA || LOI. — Pièce octogone, argent. 47 millim.

2098 *Les Consuls* (1800). — BONAPARTE PREMIER CONSUL || CAMBACERES SEC^d. CONSUL LEBRUN TROIS^e. CONS^l. Bustes des trois consuls, accolés, à droite. Sur la tranche de l'épaule de Bonaparte : GATTEAUX F. Plus bas : CONSTITUTION || DE LA REPUB. FRAN^e. || AN VIII.

℞. GUERRE DE LA LIBERTÉ || LE DÉPARTEMENT DE LA SEINE A SES BRAVES. Dans le champ, inscription en 9 lignes. — Argent. 60 millim.

2099 *Bonaparte* (1800). — BONAPARTE PREMIER CONSUL DE LA REP. FRANÇ^e. Buste à gauche, signé : BRENET. Au-dessous : BATAILLE DE MARENGO || 25 ET 26 PRAIRIAL || AN 8. || H. AUGUSTE. Le tout dans une couronne.

℞. Inscription en 9 lignes. — Argent. 50 millim.

3000 *Passage du Grand Saint-Bernard et bataille de Marengo* (1803). — Victoire, franchissant des montagnes, sur un canon attelé de deux chevaux. L'ARMÉE | FRANCAISE || PASSE LE S`r`. BERNARD . || XXVIII FLO-REAL AN VIII || MDCCC. || DUBOIS.F. || DENON.D.

℞. BATAILLE DE MARENGO. Onze clefs suspendues à un anneau et accostées de deux palmes. XXV PRAIRIAL AN VIII || MDCCC. — Or. 41 millim.

MÉDAILLONS

3001 *Le Dauphin, fils de Louis XV et ses cinq fils.* — LOUIS DE FRANCE. DAUPHIN || I D. D. BOURGOGNE. II. D. D'AQUITAINE. III D. D. BERRY. IIII Cte. D. PROVENCE. V. Cte. D'ARTOIS. Tête du dauphin, signée : B. DUVIVIER S.; au-dessus : NÉ EN 1729. MORT EN 1765 ; au-dessous, les têtes des cinq enfants.

℞. En creux : N° 4 || POUR || MADAME. — Bronze doré. 132 millim.

3002 *Charles, prince de Beauvau.* — CHARLES JUSTE PRINCE DE BEAUVAU. Buste à droite ; sur la tranche de l'épaule : I. B. NINI F 1767 (Jean-Baptiste Nini, 1718-1786). — Terre cuite. 165 millim.

3003 *Jacques Donatien Le Ray de Chaumont.* — J. D. LE RAY. DE. CHAUMONT. INTENDANT. DES. INVAL. Buste à droite. Sur la tranche du bras : J. B. NINI. F. — Terre cuite. 164 millim.

3004 *S. Jarente de la Reynière.* — SUZANNE JARENTE DE LA REYNIÈRE 1769. Buste à droite, signé : I. NINI. F 1769. — Terre cuite. 165 millim.

3005 *Louis XVI.* — . LUDOVICUS. XVI. | REX. CHRISTIANISSIMUS. Tête à droite ; au-dessous : 1780. Sur la tranche du cou, en creux : I B NINI F | 1779. — Terre cuite, 169 millim.

3006 *Marie-Antoinette.* — . MARIA. ANTONIA. ARC. AUST. | GALLORUM. REGINA. Tête à gauche; au-dessous : 1780. J. B · NINI . F. Sur la tranche du cou, en creux : I. B. NINI F || 1779. — Terre cuite. 164 millim.

3007 *J. Armand de Roquelaure.* — J. ARM. DE ROQUELAURE EV. DE SENLIS P^r. AUM. DU R. CONS. D'ET. ORD. Buste à gauche; au-dessous : FONTAINE, poinçonné en creux. — Bronze. 164 millim.

3008 *A. M. de Chaumont.* — A. M. DE CHAUMONT M^s. DE LA GALAIZIERE CHANC. DE LOR. 1737. Buste à gauche; sur la tranche du bras : FONTAINE. — Bronze. 166 millim.

3009 *Louis Auguste, Dauphin* (plus tard Louis XVI). — LOUIS AUGUSTE DAUPHIN DE FRANCE. Buste à gauche. — Bronze. 162 millim.

3010 *Marie-Antoinette*. — .M.ANT. ARCHI^se^.D'AUTRICHE DAUPHINE DE FRANCE. Buste à droite; au-dessous : FONTAINE. — Bronze. 168 millim.

3011 *Et. Fr. de Choiseul*. — ET.F. DE CHOISEUL DUC DE DE CHOISEUL-AMBOISE PAIR DE FR.. Buste à droite. — Bronze. 175 millim.

3012 *H. L. R. Desnos, évêque de Verdun*. — HENRY L. RENE DESNOS EVE. COMTE DE VERDUN PRINCE DU S. EMP. Buste à droite, dans le style des œuvres de Fontaine. — Bronze. 166 millim.

3013 *Cécile Soria*. — Buste à gauche ; devant : *Cécile Soria*, en cursive ; sur la tranche du bras : 1790, et plus bas : *J. E. Dumont*. — Bronze 148 millim.

3014 *Paix d'Amiens*. — PAIX | D'AMIENS. La Paix présentant une palme et une couronne à Mars, qui enfonce une branche d'olivier dans un globe terrestre placé sur un autel. LE VI.GERMINAL ‖ AN X.. — Cliché en plomb sans revers. 116 millim.

BISCUITS DE SÈVRES

I. ÉPOQUE DE VINCENNES

Les Enfants, *salières du Service du roi* (1751-1752), par Blondeau.

3015 Amour ou Enfant timbalier, au centre.

3016 Amour ou Enfant Dragon, côté.

3017 Amour ou Enfant fantassin, id.

3018 La marchande de crème, figurine d'après Boucher, par Suzanne, 1754.

3019 La peureuse, figurine d'après Boucher, 1752.

3020 La danseuse, figurine d'après Boucher, 1752.

II. SÈVRES

(Œuvres de Falconet, ou Direction d'art Falconet.)

3021 La loterie ou **le tourniquet,** 1757.

3022 La lanterne magique ou **la Curiosité,** 1757.
    Ces deux modèles ont été exécutés sur les indications de Falconet, d'après le dessin de Boucher que l'on retrouve dans la *Foire de Campagne* (estampe de Cochin le fils).

3023 La chasse.

3024 La pêche.
    Deux groupes de Falconet exécutés en 1758, d'après des dessins de Boucher.

3025 Pygmalion, par Falconet, 1763.

Réduction de la statue qui fut exposée au Salon de 1763, et qui paraît avoir été inspirée à l'artiste par le grand succès de Camille Véronèse, dans le ballet de ce nom, à la Comédie-Italienne (Campardon II, 199).

3026 Prométhée.

Le Prométhée, qui est le pendant du Pygmalion, n'est cependant ni de la même époque, ni du même artiste. Il fut commandé en 1772, par le directeur Parent, qui n'étant point satisfait, en confia l'exécution à Boizot, nouvellement entré à la manufacture, en 1773, comme directeur des travaux de sculpture.

III. SÈVRES

(Après le départ de Falconet, direction d'art Bachelier, 1767-1773.)

Le **Surtout de Bacchus**, 1772-1773.

3027 Triomphe de Bacchus. Groupe du centre.

3028 Groupe de Bacchante et Faune au tambour de basque. Groupe de côté.

3029 Groupe de Bacchante et Faune aux Cymbales. Groupe de côté.

3030 Un Faune à la Corbeille; un Satire à la Flûte.

3031 Deux Nymphes à la Corbeille.

Ce surtout a été commandé, d'après les dessins de Pigalle, à des élèves de cet artiste : *Lecomte*, qui exposait en 1773 au Salon une bacchante dansant avec des cymbales, Mouchy, peut-être Allegrain.

L'ensemble comprenait, outre les trois groupes, 12 figures et des groupes d'enfants.

Surtout Espagnol.

3032 La Conversation espagnole, d'après le tableau de Vanloo, groupe du centre.

Le tableau exposé au salon de 1769 est bien connu, comme ayant été commandé par Mme Geoffrin. Le biscuit le popularisa comme la gravure.

3033 Le Concert de flûte ou de mandoline, groupe de côté.

3034 Le Concert de hautbois.

3035 Quatre figures complémentaires du surtout : Cantatrice Du Barry; Cantatrice dite à la fraise ; Le joueur de Musette; Le joueur de Mandore.

On ignore les auteurs de cet ensemble, qui fut exécuté en 1771, au moment où Mme Du Barry, protégeant la manufacture, y faisait exécuter ses bustes par Lemoyne et Pajou.

IV. SÈVRES

(Direction d'art Boizot).

Surtout français.

3036 La nourrice.

3037 La toilette.

3038 Le déjeuner.

Ces trois groupes, composés et exécutés par Boizot, académicien, directeur de sculpture à Sèvres, avec le concours de Le Riche, en 1774, correspondent aux modes nouvelles du début de Louis XVI. Il faut les comparer, pour la facture et pour la date, à l'album de *Moreau* : Mœurs et coutumes des Français (O A 80).

Ils étaient accompagnés de toute une série de figures détachées, la Dame au Caraco, l'Amazone, l'Écuyer, dont plusieurs ont été conservés.

3039 Le groupe du **Bon Vieillard**, ou la **Fête des bonnes Gens**, 1776.

Œuvre de Boizot, composée à l'occasion des fêtes instituées en l'honneur de la vertu par M. et Mme Élie de Beaumont, dans leur propriété de Canon en Normandie (1775). Pour plus de détails, voir la *Fête des Bonnes Gens*, par l'abbé Lemonnier, illustré par Moreau, Avignon, 1777.

3040 La Rosière de Salenci, 1776.

Groupe du même genre et du même auteur. La rosière de Salenci, près Noyon, légende remise en honneur par une comédie de Favart, de 1769, et des usages locaux, fut, en 1773, l'objet d'un procès retentissant que les villageois intentèrent à leur seigneur et que Target gagna pour eux, au Parlement (1774). La mode devint alors de comédies sur ce sujet, l'une du marquis de Pezay, avec ariettes de Grétry, pour la reine, à Fontainebleau, l'autre de Mme de Genlis (Grimm, *Corr.* X, 399).

3041 L'Amour médecin, 1779.

3042 L'Amour chirurgien, 1779.

Deux Groupes de Boizot, formant pendant, dans l'esprit des peintures pompéïennes récemment retrouvées.

3043 Diane et Endymion, 1784.
    Œuvre de Boizot.

3044 Naissance de Bacchus, 1784.
    Pendant du groupe précédent.

3045 Psyché et l'Amour, ou la **Curiosité de Psyché,** 1788.
    Modèle de Gois fils, d'après une peinture commandée à Regnault pour le roi Louis XVI.

3046 Minerve ou la **Sagesse** protégeant l'étude et foudroyant la paresse, 1787.
    Allégorie, de la main de Boizot, commandée par M. d'Angivillers.

3047 L'Amour enchaîné par la Fidélité, 1795.
    Œuvre de Boizot.

3048 La Colombe messagère, 1799.

Prêtés par la Manufacture Nationale de Sèvres.

3049 Les amants surpris, groupe en biscuit de Sèvres, d'après Boucher.

3050 Le solliciteur éconduit, groupe en terre de Lorraine. Prêté par le vicomte du Dresnay.

3051 Marie-Antoinette examinant les plans d'un château, groupe en biscuit. Prêté par M. Reyre.

TABLE DES MATIÈRES

Préface... 5
Miniatures et Gouaches... 9
    Supplément.. 93
Estampes... 95
    Procédés français... 99
    Procédés anglais.. 131
Pierres gravées.. 165
Cadres et miniatures... 170
Monnaies françaises.. 172
    Jetons d'or... 179
    Jetons d'argent... 184
    Médailles... 187
    Médaillons.. 199
Biscuits de Sèvres... 201

MACON, PROTAT FRÈRES, IMPRIMEURS.

AMEUBLEMENT = DÉCORATION

MERCIER Frères

100, faubourg Saint=Antoine

PARIS

Reconstitution d'un bureau Régence, par MERCIER FRÈRES, Tapissiers-Décorateurs
100, faubourg Saint-Antoine, Paris

Une visite à l'Exposition des pièces installées dans leurs galeries est une des attractions de Paris. C'est une véritable histoire des styles français.

SOCIÉTÉ PHOTOGRAPHIQUE

ÉDITION D'ART

10, Rue Vivienne, 10

En face de l'Exposition d'Œuvres d'Art du XVIIIᵉ Siècle à la Bibliothèque Nationale.

Ecole française du XVIIIᵉ Siècle

27 photogravures d'après CHARDIN, LANCRET, PATER, WATTEAU, etc. sur papier Hollande à la forme, dans un élégant portefeuille de 70×52 cm. **250 fr.**

C'est la Collection de Frédéric le Grand que l'on a eu occasion d'admirer lors de l'Exposition de 1900 au Pavillon d'Allemagne.

Le prix de chaque feuille est de *6 fr. 50, 10 francs* et *15 francs* selon la grandeur de l'Image.

Architecture Intérieure, Mobiliers Artistiques

HÉBER LIPPMANN

9, Rue Chaptal, 9

De 3 heures à 6 heures   TÉLÉPHONE : 210-50

COLLECTION DE MEUBLES
 ET OBJETS D'ART ANCIENS
∘ • de toutes les Époques • ∘

STATUES EN PIERRE, MARBRE, BUIS, ET BOIS DIVERS
du XIVᵉ et XVᵉ Siècle

MAISON FONDÉE EN 1876

S. LION

Rue Laffitte, 44 et 46

PARIS

Objets d'Art

oo ANCIENS oo

DE PREMIER ORDRE

MINIATURES & CURIOSITÉS

o o o *TAPISSERIES* o o o

Galeries Henry GRAVES and C° Ltd
PARIS ⌀ 18, Rue de Caumartin, 18 ⌀ PARIS

MÊMES MAISONS :
LONDRES S.W., 6, Pall Mall
BIRMINGHAM, 44, Cherry Street

EXPOSITION
SPÉCIALE
du 20 Mai au 15 Octobre 1906
DE

GRAVURES ANGLAISES
== DU XVIIIᵉ SIÈCLE ==

en noir et en couleurs

Portraits de Femmes et d'Enfants

D'APRÈS REYNOLDS, GAINSBOROUGH, ROMNEY, HOPPNER, RAEBURN, LAWRENCE, etc., etc.

Le plus grand choix à Paris de Gravures anglaises anciennes et modernes.

Médailles & Plaquettes Modernes
CADEAUX ARTISTIQUES

Joyeux Anniversaire, par O. Yencesse

Joyeux Anniversaire, par O. Yencesse

A. GODARD, Graveur-Éditeur

Seul dépositaire des œuvres complètes
de O. ROTY, de l'Institut

37ᵗᵉʳ, Quai de l'Horloge, Paris. — Télép.

ESTAMPES ANCIENNES

G. MAS

48, rue Lafayette. PARIS

SUJETS GRACIEUX DU XVIIIᵉ SIÈCLE
PORTRAITS de FEMMES et D'HOMMES
en tous genres
COSTUMES CIVILS & MILITAIRES
VIGNETTES DU XVIIIᵉ SIÈCLE
PIÈCES DE SPORT
CARICATURES DIVERSES
GRAVURES HISTORIQUES LOUIS XVI
RÉVOLUTION, NAPOLÉON, &.

Estampes Anciennes

Louis BIHN

61, Rue La Boëtie, PARIS

ANCIENNEMENT
Rue de Richelieu, 69

TÉLÉPHONE 517-62

GRAVURES ANGLAISES
ET FRANÇAISES
du XVIIIᵉ Siècle

EN NOIR ET EN COULEURS

VUES, PORTRAITS FRANÇAIS
RUSSES, AMÉRICAINS, etc.

Porcelaines, Faïences
Émaux peints et transparents
Miniatures sur ivoire, cuivre, etc.
genre ancien

SAMSON

7, Rue Béranger, PARIS
Succursale : 30, Avenue de l'Opéra

Manufacture à Montreuil
Ateliers de Peinture et Fabrique de Bronzes
à Paris

Reproduction d'Œuvres anciennes provenant des Musées du Louvre, de Sèvres, de Cluny, de Rouen, de Nevers, de South-Kensington, de Dresde, etc., et de collections particulières

Librairie E. JEAN-FONTAINE
Jules MEYNIAL, Succr
30, Boulevard Haussmann, 30 ⌀ PARIS

✢ ✢ ✢

GRAND CHOIX DE BEAUX LIVRES
— ANCIENS ET MODERNES —
(Envoi franco du CATALOGUE MENSUEL sur demande)
ACHAT DE LIVRES, BIBLIOTHÈQUES
DIRECTION DE VENTES PUBLIQUES
— EXPERTISES —

A LA VIEILLE BRETAGNE

LÉON HELFT

34, Rue Lafayette, 34,
P A R I S

Achat très cher de belles miniatures du XVIIIe siècle, tapisseries, marbres-meubles et objets de vitrines de la même époque

SPÉCIALITÉ D'OUVRAGES
D'ART ET D'ARCHÉOLOGIE
ARCHITECTURE ❦ PEINTURE
❦ SCULPTURE ❦ GRAVURE ❦
AMEUBLEMENT ❦ ARTS
INDUSTRIELS ❦ ORNEMENTS
ANCIENS ❦ MUSÉES ❦ GALE-
RIES ❦ LIVRES ILLUSTRÉS
DU XVIIIᵉ SIÈCLE ❦ ❦ ❦

LIBRAIRIE ARTISTIQUE ET LITTÉRAIRE FONDÉE EN 1878

Charles Foulard

7, QUAI MALAQUAIS ❦ PARIS (VIᵉ) ❦ QUAI MALAQUAIS, 7

ACHAT DE TOUT OU PARTIES
DE BIBLIOTHÈQUES
❦ AU COMPTANT ❦

RÉDACTION DE CATALOGUES

DIRECTION DE VENTES
❦ ❦ PUBLIQUES ❦ ❦

CATALOGUES DE LIVRES D'OCCASION
A PRIX MARQUÉS ENVOYÉS FRANCO SUR
DEMANDE

ANTIQUITÉS
CURIOSITÉS
OBJETS D'ART ET
D'AMEUBLEMENT

Au Vieux Lyon

64, rue du Faubourg
St-Honoré  Paris

SPÉCIALITÉ DE
MEUBLES DE SALONS
En Anciennes Tapisseries

Étoffes, Gravures, Dentelles
Bijoux Anciens

Estampes Anciennes
Livres d'Art ✤ ✤

Georges RAPILLY
Marchand d'Estampes de la
◦ BIBLIOTHÈQUE NATIONALE ◦

9, Quai Malaquais, Paris

EAUX-FORTES ET GRAVURES DES

MAITRES ANCIENS

REPRODUITES PAR
AMAND = DURAND
AVEC NOTICES PAR
GEORGES DUPLESSIS

Collection de 400 pièces reproduisant, de la grandeur des originaux, les chefs-d'œuvre des peintres graveurs des XVe, XVIe et XVIIe siècles : Durer, Rembrandt, Mantegna, Martin Schongauer, Lucas de Leyde, Van Dyck, Berghem, Potter, Ruysdaël, Claude Le Lorrain, etc.

Chaque estampe, imprimée sur papier imitant le papier ancien et montée sur bristol, se vend séparément de **2 fr.** à **10 fr.**, suivant l'importance de la pièce.

La collection complète, formant 10 volumes en 40 livraisons. . **600 fr.**

Le Catalogue détaillé est envoyé franco sur demande

Histoire Générale
DES ARTS
APPLIQUÉS A L'INDUSTRIE
DU Ve A LA FIN DU XVIIIe SIÈCLE

PAR

ÉMILE MOLINIER
Conservateur des Musées Nationaux

DIVISION DE L'OUVRAGE

Tome I. — Les ivoires.

Tome II. — Les meubles du Moyen Age et de la Renaissance. — Les sculptures microscopiques. — Les cires.

Tome III. — Les meubles et la décoration intérieure au xviie et au xviiie siècles.

Tome IV. — L'orfèvrerie religieuse et l'orfèvrerie civile au Moyen Age et à la Renaissance.

Pour paraître fin décembre 1906 :

Tome V. — L'orfèvrerie religieuse et l'orfèvrerie civile au xviie et au xviiie siècles. — La bijouterie et la joaillerie. — L'horlogerie. — La glyptique.

PRIX DE CHAQUE VOLUME .. ..   **60** francs.

Objets d'Art & de Curiosités

E. CHAPPEY
ANTIQUAIRE
18, rue de la Ville=l'Évêque, PARIS

Objets Gothiques & Renaissance

TAPISSERIES - AMEUBLEMENTS
Collections de Sèvres & de Saxe

Maison à New=York, 721, Fifth Avenue

LE CABINET DES ANTIQUES

CHOIX DES PRINCIPAUX MONUMENTS DE L'ANTIQUITÉ, DU MOYEN AGE ⌀ ET DE LA RENAISSANCE ⌀

Conservés au Département des Médailles et Antiques
◦ DE LA BIBLIOTHÈQUE NATIONALE ◦

Par ERNEST BABELON
Conservateur dudit département

L'ouvrage se compose de 60 planches en noir et en couleurs, et est accompagné de notices historiques et descriptives pour chacun des objets reproduits.

Prix en Carton . . . . **150** francs.
Il a été tiré 50 exemplaires sur papier du Japon . . . . . . **250** —

Les Deux Cents Incunables

DU CABINET DES ESTAMPES
de la
BIBLIOTHÈQUE NATIONALE

PAR
M. Henri BOUCHOT
Conservateur dudit Cabinet

Cet ouvrage se compose d'un volume de texte grand in-8° de 260 pages, contenant une introduction historique et le catalogue de toutes les pièces, et d'un album in-folio (relié) reproduisant, dans la grandeur des originaux, tous les Incunables de la Bibliothèque. Prix . . . . **250 francs**

EXPOSITION D'ŒUVRES DU XVIIIe SIÈCLE
A LA BIBLIOTHÈQUE NATIONALE (1906)

Cent Estampes

MANIÈRE NOIRE ET POINTILLÉ

CHOISIES PARMI LES PIÈCES LES PLUS REMARQUABLES FIGURANT A CETTE EXPOSITION

Texte Historique et Descriptif
de **M. H. BOUCHOT**
MEMBRE DE L'INSTITUT
CONSERVATEUR DU CABINET DES ESTAMPES

Un beau volume grand in-4° illustré de 100 héliogravures
150 fr.

Il sera tiré 25 exemplaires dont le texte sera sur papier de Hollande et les planches sur papier de Chine collé.
300 fr.

MUSÉE DU LOUVRE

LE
Mobilier Français
du XVIIᵉ et du XVIIIᵉ siècle

décrit par

ÉMILE MOLINIER

CONSERVATEUR DES MUSÉES NATIONAUX
PROFESSEUR A L'ÉCOLE DU LOUVRE

L'ouvrage comprend un volume de format petit in-folio, d'environ 80 pages de texte copieusement illustrées et de 100 planches en héliogravure, représentant les meubles, sculptures, peintures, bronzes, tapisseries, etc., et qui ornent les salles du Mobilier au Musée du Louvre. o o o o o o

Prix en carton. .. ..   **150 francs.**

Il a été tiré 25 exemplaires numérotés, dont les planches sont tirées sur papier de Chine.

Prix .. ..   **300 francs.**

Chacun de ces exemplaires porte le nom du souscripteur

LA
Collection Wallace

MEUBLES
et
OBJETS D'ART FRANÇAIS
DU XVIIe ET DU XVIIIe SIÈCLE

décrits par

Emile MOLINIER
Conservateur Honoraire du Musée du Louvre

Ce sont des meubles et des objets d'art peu connus et qui n'ont jamais été publiés. Aussi avons-nous pensé rendre service aux amateurs et aux fabricants de meubles d'art en reproduisant les pièces les plus célèbres de ce très remarquable musée d'art français.

Nous nous sommes attachés à en donner des reproductions très fidèles, et de plusieurs des meubles les plus intéressants nous avons donné des détails qui permettent de se rendre compte de la perfection de leur exécution.

L'ouvrage forme un volume de format petit in-folio, contenant 100 planches en héliogravure.

Chaque Planche est accompagnée d'une Notice Historique et Descriptive

Prix en Carton .. ..   **150 Francs**

ESTAMPES ET DESSINS
ANCIENS DU XVIᵉ AU
XVIIIᵉ SIÈCLE

❦

Alfred STRÖLIN

27, rue Laffitte. PARIS

❦

o EAUX-FORTES o
DESSINS MODERNES

Ed. BOUET
17 et 19, Rue Vignon (Madeleine)
PARIS

Réparations d'Objets d'Art

Miniatures
sur vélin et sur ivoire

Porcelaines de Sèvres et de Chine

Émaux de Limoges

Marbres et Terres cuites de la
Renaissance et du XVIIIᵉ siècle

MANUEL
de
l'Amateur d'Estampes
par
Eugène DUTUIT

Les volumes publiés forment des ensembles complets et se vendent séparément. Ces volumes forment le complément obligé des manuels de Bartsch et de Passavant. Nombre d'estampes y sont décrites pour la première fois, y sont aussi reproduites et offrent de la sorte un complément d'information que seuls les procédés de reproduction perfectionnés de nos jours peuvent fournir.

VOLUMES PUBLIÉS

Tome Iᵉʳ. o 1ʳᵉ partie. Traitant des plus anciennes estampes connues. (*Ars Moriendi*. o *Apocalypse*. o *Cantique des Cantiques*. o *Speculum humanæ Salvationis*). 1 vol. et atlas.
Tome Iᵉʳ. o 2ᵉ partie. Nielles. 1 vol.
Tomes IV, V et VI. o Ecole Flamande et Hollandaise.
(Cette Ecole est complètement décrite dans ces trois volumes).
Prix du volume sur papier vélin . . . . 40 fr.
Il a été tiré 100 exemplaires numérotés, tirés sur papier vergé avec double suite de gravures, dont une sur papier de Chine.. .. .. .. 60 fr.

MACON, PROTAT FRÈRES, IMPRIMEURS

www.ingramcontent.com/pod-product-compliance
Lightning Source LLC
Chambersburg PA
CBHW070744170426
43200CB00007B/637